Le Livre de Poche Jeunesse

SOLIMAN LE PACIFIQUE

(JOURNAL D'UN ENFANT DANS L'INTIFADA)

Prix du roman jeunesse 2002
du Ministère de la Jeunesse,
de l'Éducation et de la Recherche

VÉRONIQUE MASSENOT

SOLIMAN LE PACIFIQUE

(JOURNAL D'UN ENFANT DANS L'INTIFADA)

Merci de son
soutien au Centre
National du Livre

À Ninon, Marianne, Héloïse,
Priscilla, Martin, Amar et
Raphaël... merci aussi !

Pour toi, Théo.
Ce petit grain de mots,
d'amour et de papier,
semé sur ton chemin...

Préface

Soliman le Pacifique nous emmène au cœur du conflit le plus médiatisé de l'époque contemporaine. Un conflit qui débuta en 1947, lorsque l'ONU (l'Organisation des Nations unies) décida de partager la Palestine en deux États : un État juif et un État palestinien.

Depuis le début du XXe siècle, des milliers de Juifs européens avaient émigré en Palestine pour fuir l'antisémitisme occidental, qui atteignit le comble de l'horreur avec les camps d'extermination nazis. Mais les États arabes refusèrent ce partage, estimant qu'ils n'avaient pas à payer le prix de la barbarie européenne. Dès la création de l'État d'Israël, en 1948, a lieu le premier conflit armé – qui verra la défaite des États arabes. Des milliers de Palestiniens furent chassés de leurs terres et les Israéliens annexèrent de nouveaux territoires. Seules la bande de Gaza, la Cisjordanie et Jérusalem-Est restèrent sous contrôle arabe. Mais ces régions furent occupées par Israël en 1967 à la suite d'une nouvelle guerre.

Face à l'impuissance des pays arabes, la jeunesse palestinienne prendra son destin en main en 1987. Elle déclenchera l'Intifada. Pendant sept ans, des adolescents armés de pierres vont affronter les soldats israéliens – la répression israélienne qui s'ensuivra fera des milliers de victimes. Cette « guerre des pierres » va créer une sympathie internationale pour la cause palestinienne et obliger Israël à négocier. En 1993, un accord de paix est signé. Il prévoit le retrait progressif de l'armée israélienne des territoires occupés depuis 1967 et la création d'un État palestinien après une période de cinq ans. En 1995, Israël se retire des principales villes palestiniennes (6 % du territoire) désormais administrées par un gouvernement palestinien.

Mais la suite du processus est un échec. Les extrémistes des deux camps font tout pour le faire échouer. Les islamistes palestiniens (Hamas) commettent des attentats suicide tandis que le Premier ministre israélien, Yitzhak Rabin, est assassiné par un extrémiste juif en 1995. Autre problème : la colonisation israélienne de Gaza, de la Cisjordanie et de Jérusalem-Est où l'ONU reconnaît pourtant le droit des Palestiniens à créer leur État. Quatre cent mille colons israéliens y ont été installés. Résultat : les Palestiniens sont enfermés dans des villes-ghettos, îlots de pauvreté et de colère.

En septembre 2001, la population palestinienne se soulève à nouveau. C'est le début de la seconde Intifada. Mais les adolescents ont grandi et utilisent désormais fusils et explosifs. Les plus désespérés ont recours à l'attentat suicide. L'armée israélienne riposte en jetant ses tanks et ses avions dans la bataille. Au printemps 2002, toutes les villes autonomes palestiniennes sont réoccupées. Les tentatives de trêves échouent et la violence paraît devoir devenir sans fin.

C'est dans cet enfer au quotidien que Soliman et ses compagnons tentent de survivre. Les personnages sont fictifs mais ils semblent presque réels sous la plume de Véronique Massenot tant elle a su restituer avec justesse l'atmosphère de cette guerre dont la jeunesse reste la première victime.

Jocelyn Grange
Grand Reporter à France Info

Voilà, c'est décidé. Je commence un journal.

J'ai retrouvé l'autre jour, dans les vieilles affaires de mon frère, ce cahier à spirale poussiéreux et tout gondolé. J'aime beaucoup sa couverture tachetée de noir et de blanc, façon carton à dessin. Comme il est vierge, ou presque – j'ai compté les pages, il en manque une petite dizaine –, j'ai eu envie de l'adopter.

Mais il est resté longtemps posé par terre, au pied de mon lit. Avec mes bandes dessinées, mes cassettes, mes jeans... mélangé à tout mon bazar. Je le regardais de loin, sans l'ouvrir. Je ne savais pas quoi en faire. Un cahier de brouillon ? J'y ai pensé, mais je trouvais sa couverture trop belle. Un cahier de dessin ? Voilà qui lui allait mieux ! Mais je suis nul – même un soleil, je le rate ! Alors, il restait là, fermé, à attendre que je trouve une bonne idée, qui nous convienne à tous les deux...

C'est drôle, chaque fois que j'entrais dans ma chambre, mon regard se posait sur lui. Peut-être à cause de ces petites taches noires et blanches qui attirent l'œil. Du coup, j'avais l'impression qu'il me faisait signe, qu'il m'appelait !

« Ça y est ? Tu as trouvé ? Tu sais ce que nous allons faire ensemble ? Quand est-ce qu'on commence ? »

L'idée du journal est arrivée doucement, soufflée par mon voisin Rouslan. Et ce soir, voilà, c'est venu. L'envie de ramasser le cahier, de l'ouvrir et de commencer à écrire.

Seulement, j'ignore comment je dois faire. Y a-t-il des règles à respecter ? Bien sûr, je suppose qu'il faut d'abord noter la date, en haut de la page, mais... ensuite ? Dois-je m'adresser à lui comme à un ami ?

Cher Journal... ?

J'ai déjà vu ça – je ne sais plus où.

Tant pis, allons-y !

16 avril

Cher Journal,

Ce matin je ne suis pas allé en classe. Maman n'a pas voulu. Samy est passé me chercher, comme chaque jour de la semaine. Il a frappé. J'ai entrouvert la porte.

« Je ne viens pas », j'ai dit.

Ses yeux se sont écarquillés.

« On est le 16 avril... » j'ai ajouté tout bas en lui indiquant du menton les volets clos de ma maison.

Il n'a rien dit, mais j'ai vu qu'il avait compris.

Avant de poursuivre tout seul, il m'a serré la main. Je l'ai regardé s'éloigner. Quand il allait disparaître au coin de la rue, il s'est retourné pour me faire un signe. Je lui ai répondu et j'ai refermé doucement la porte.

Mes deux sœurs et ma mère s'affairaient en silence dans l'ombre étouffante de la cuisine. Maman préparait les poulets, Nora le couvert et Lili disposait les pâtisseries en pyramide sur un plateau.

Comme je restais là « dans leurs pattes » maman a fini par m'envoyer chercher le pain chez mon oncle.

Dehors, sous le soleil d'avril, le jardin semblait tout joyeux. Je me suis dit qu'il devait se tromper de fête, confondre avec un autre anniversaire. Pour une fois, j'aurais préféré du brouillard. Mais la nature se moque des drames que nous vivons. Et elle a bien raison.

Ma tante Assia m'a vu enjamber la barrière. Elle m'a fait signe que tout était prêt.

« Bonjour, Sol ! »

Elle m'a serré contre elle un peu plus fort que d'habitude. J'ai fait mine d'être pressé. Je déteste les effusions. Elle a couru jusqu'à la remise et sorti deux énormes corbeilles, pleines de galettes brûlantes.

« Merci, Assia ! » j'ai soufflé en prenant la fuite.

Avant de retourner à la cuisine, je suis allé m'asseoir sous le vieil escalier. Le dos calé contre la porte de la cave, j'ai choisi le plus beau, le plus doré des pains et j'ai mordu dedans.

Mon frère pouvait en dévorer jusqu'à sept ou huit de suite, après l'école. Yaya, notre grand-mère, les sortait du four devant nous et les ouvrait en deux, pour qu'ils refroidissent un peu. Elle étalait du miel sur la mie qui fumait encore. Chéri mordait dans sa tartine à pleines dents, tandis que je léchais la mienne doucement. Yaya riait. Après quoi, elle nous chassait gentiment.

« Allez, allez ! Dehors, les garçons ! Profitez du beau temps ! »

Alors nous allions nous asseoir sous le vieil escalier. Le dos calé contre la porte de la cave et les poches bourrées de galettes brûlantes, nous rêvions d'aventures. Notre cachette se faisait caverne et le jardin, tout potager qu'il fût, avec ses rangs de tomates et de haricots, se transformait en jungle tropicale. Un jour, c'est sûr, nous allions trouver un trésor ! Un jour, nous allions découvrir le monde...

Je me souviens ! Notre jeu préféré, c'était Robinson Crusoé. Chéri adorait cette histoire et me l'a souvent racontée. Nous étions seuls, sur notre île au milieu du monde, unis dans la lutte pour la survie. Moi, bien sûr, j'étais Vendredi. Après, j'y jouais avec Samy. Pas chez moi, plus jamais. Dans sa cour à lui, derrière le boucher. Nous avions même inventé une devise : « Nous ne comptons pour personne, nous comptons l'un sur l'autre » – pas mal trouvé, non ?

À midi, la famille s'est réunie, émue, autour du repas. Mon oncle a prononcé quelques mots en hommage à mon frère. Sa voix tremblait. Il a parlé de Chéri « mort en martyr » et de son souvenir qui doit « briller dans nos cœurs comme une étoile éternelle »...

Puis mes sœurs ont commencé de servir. Je n'avais pas très faim. Pourtant, le poulet *msakhan*[1] de ma mère, quel délice ! La cravate de papa me serrait le cou.

1. Spécialité culinaire du nord de la Cisjordanie, dans la région de Jenine.

Petit à petit, les langues se sont déliées et les estomacs dénoués. On s'est mis à parler tout bas. Puis à manger un peu. Il nous est arrivé de rire, à la fin du repas, en écoutant Yaya se rappeler nos premiers pas, nos premiers mots d'enfants et nos pires bêtises.

Quand tout le monde a été parti, la vaisselle rangée, le ménage fini, maman s'est effondrée par terre au milieu du salon. Mes sœurs se sont précipitées sur elle pour la relever.

« Laissez-moi ! Laissez-moi ! » hurlait-elle entre deux sanglots.

Je suis monté me coucher sans un mot.

Moi, je ne pleure jamais.

Je crois que je ne sais même pas comment on fait ! Heureusement, car notre maison a vu couler tant de larmes qu'elle aurait déjà dû disparaître engloutie...

Je ne dors pas non plus. Enfin, presque pas. C'est pour ça que je vais t'écrire, cela me passera le temps. Rouslan, le vieil instituteur qui habite sur la terrasse, dit que ça « décourage les cauchemars ». Sûrement qu'il m'entend crier quelquefois la nuit.

« Écris tout ce qui te passe par la tête, m'a-t-il conseillé l'autre jour, des plus petites choses de ton quotidien à tes rêves les plus grandioses ! »

Il a éteint son sourire un instant et détourné les yeux vers la fenêtre ouverte. Ça lui faisait de drôles de pupilles, rondes et claires, comme des billes !

« Essaie d'écrire aussi tout ce qui te fait mal, a-t-il ajouté doucement. Essaie seulement, tu verras. Peut-être que ça te fera du bien. »

Alors, puisque je ne sais pas dormir...

Quand je ferme les yeux, des images de la journée m'apparaissent aussitôt. Je revois mes jeunes cousins écoutant l'hommage à mon frère. Comme ils semblaient tristes et déçus de n'avoir pas connu Chéri. Comme ils ont regardé leur père quand il a parlé de « martyr » et d'« étoile éternelle ».

Je revois les yeux rougis de Nora. Le petit menton tremblant de Lili. Tante Assia qui me serre trop fort. L'escalier, la caverne, les deux corbeilles rondes, pleines de petits pains. Pleines de souvenirs...

Je vois ma mère, ses épaules et son dos secoués par les sanglots. J'ouvre les yeux mais c'est déjà trop tard. J'entends son cri affreux qui déchire le ciel. Et d'autres images m'envahissent...

Même soir, une heure plus tard

Je ne peux pas venir à bout tout seul de ces souvenirs-là. Je voudrais m'endormir, je n'y arrive pas. Toujours ma tête malgré moi travaille, m'emmène où je ne veux pas retourner. J'essaie bien de penser à d'autres choses, plus gaies, de faire diversion... Et ça marche, au début. Mais sitôt que je me sens mieux, dès que je me détends un peu... de nouveau, ça revient. Tout me revient. Et je retourne au pays du chagrin.

Alors, quitte à garder les yeux ouverts, autant suivre les conseils de Rouslan : écrire tout ce qui me fait mal et voir si ça me fait du bien...

Qu'est-ce que je risque, sinon de m'endormir, vidé, le nez sur mon cahier ?

Si seulement !

C'était il y a sept ans, le 16 avril en fin d'après-midi. J'asticotais Nora qui rentrait de l'école. Je m'en souviens très bien. Je sautillais comme à mon habitude en remontant la rue et ma sœur s'énervait de me voir aussi agité.

Le cri m'a traversé d'un coup, me faisant l'effet d'une décharge électrique. J'ai reconnu – j'ignore comment ! – la voix de maman. Je me suis mis à courir aussitôt, laissant Nora loin derrière moi, bousculant les passants, renversant de vieux cageots vides empilés devant une boutique. Je me suis arrêté, prêt à les ramasser, mais l'épicier sur le pas de sa porte m'a fait signe que non, ce n'était pas la peine, je pouvais continuer.

Le regard de cet homme est resté gravé dans mon cœur. Il savait déjà. Il avait pitié.

Je déteste ça, la pitié.

La foule, qui se pressait sur la place, m'empêchait d'avancer. Les gens ne semblaient pas me voir. Ils pleuraient, ils hurlaient, levaient les bras au ciel, agitaient des drapeaux. Je ne comprenais rien.

Soudain, quelqu'un m'a vu.

« C'est le petit ! Le petit, laissez-le passer ! Le petit frère du mort ! »

Les gens se sont poussés. Ils se sont écartés. J'étais forcé d'avancer, maintenant. Tout le monde me regardait.

Le petit frère du mort ?

Ces mots résonnaient dans ma tête. Des mains cherchaient à me toucher, des yeux pleins de larmes à me plaindre.

Chéri ?

Par chance, mon regard a croisé celui de ma grand-mère. Je m'y suis accroché comme un naufragé à sa bouée. Dès qu'elle a pu, elle m'a soulevé de terre et pris dans son giron, se dressant à la manière d'un rempart, entre la foule et moi.

C'était vrai.

Chéri gisait sur le trottoir, la tête cachée sous un grand foulard.

Tous les détails sont imprimés dans ma mémoire. Le dessin des taches de sang sur le tissu fleuri. Sa main droite arrachée qui restait là sur la chaussée, comme un objet sans importance perdu par un passant pressé, personne n'osant y toucher. Chéri portait ses plus belles chaussures, avec leurs lacets de cuir brun, ses préférées, ses chaussures de marin.

17 avril

Cher Journal,

Je me suis arrêté trop tôt, hier. Tout te raconter d'un seul coup était au-dessus de mes forces. Pourtant, pour une première fois, j'en ai noirci, des pages ! Et puis j'ai dormi sans rêver – je veux dire sans faire de cauchemars ! Après cette journée passée à me souvenir de Chéri, jamais je n'aurais cru que cela soit possible. Rouslan a peut-être raison...

Alors, je continue. Je voudrais terminer.

Avant l'enterrement, je me rappelle que Yaya nous a pris à part, Nora et moi.

C'était encore l'*Intifada*[1]. Il y avait des soldats israéliens partout. Ce jour-là, deux d'entre eux, qui traversaient la place, ont été visés par un tireur embusqué. Le premier soldat est tombé, touché au ventre. L'autre, affolé, s'est mis à tirer au hasard. Chéri sortait du collège à ce moment-là...

Tout s'est passé très vite. Il n'a pas eu le temps de voir d'où venait le danger, de se jeter à terre et de se protéger. Il n'a pas même eu le temps de comprendre qu'il allait mourir, fauché par une rafale de mitraillette.

On voit toujours aujourd'hui l'impact étoilé des balles. Ça ressemble à des cicatrices dans la chair du vieux mur. Autour, on a peint une fresque à la gloire des martyrs.

Yaya s'est mise à genoux devant nous, comme pour accomplir un rituel inconnu. Elle a pris mon visage entre ses mains, plongé son regard dans le mien.

Je ne respirais plus.

« Sol, s'il te plaît, promets-moi... » a-t-elle murmuré d'une voix grave et sur un ton solennel que je ne lui connaissais pas.

---

1. « Soulèvement » en arabe. Désigne la « guerre des pierres » menée par la population palestinienne contre l'occupation israélienne de la bande de Gaza et de la Cisjordanie. La première, dont il est question ici, éclata en 1987 et dura sept ans.

« Promets-moi... de ne jamais le venger. »

J'avais cinq ans à peine et j'ai promis.

Chéri en avait presque douze. En aura toujours presque douze. Tandis que moi, bien sûr, j'ai continué de grandir. Me voilà maintenant à l'âge qu'il avait en mourant.

Pourtant, dans mes pensées, il reste mon modèle. Plus grand que moi. Plus sage. Ou plus serein, peut-être... Je ne sais pas.

Finalement, je ne le connais pas. Nous nous sommes juste croisés, lui et moi, ici-bas. Cinq ans à peine – pas même la moitié de sa vie, non plus la moitié de la mienne...

18 avril

Cher Journal,

Je rentre à l'instant de la bibliothèque. C'est une petite pièce à l'entrée du collège. La dame qui s'en occupe semble gentille. Mais comme elle ne vient pas tous les jours, c'est souvent fermé. Personne, autour de moi, n'y va jamais. Ce soir, après mon dernier cours, quand j'ai vu que c'était ouvert, je me suis décidé.

J'avais l'espoir d'y trouver un modèle. Peut-être le journal de quelqu'un de célèbre. Ou un manuel qui explique comment s'y prendre pour écrire son journal. Une sorte de méthode, avec des exemples – ça doit bien exister ! Je suis resté longtemps, à traîner entre les rayons, l'œil à l'affût d'un titre. La bibliothécaire m'a laissé faire, elle semblait très occupée à trier ses fiches. Bien sûr, je n'ai rien osé demander. Mais j'ai bien vu qu'il n'y avait pas grand-chose d'intéressant pour moi !

Résultat, je ne sais toujours pas si je dois t'écrire tous les jours, ou juste quand j'en éprouve le besoin, ou s'il se produit un événement particulier. Il faudrait que j'interroge Rouslan, mais il est parti chez ses amis de Jérusalem. Et si je demande à Nora, elle va savoir que c'est pour moi. Or je n'ai pas envie que tout le monde soit au courant de ton existence !

Je vais devoir me débrouiller tout seul...

Tu sais, je suis comme ça. Quand je fais quelque chose, il faut que ce soit tout de suite parfait. Sinon, j'abandonne. Maman dit que c'est un défaut parce que c'est en se trompant qu'on apprend... même si c'est bien d'être exigeant avec soi-même. Pour toi, promis, je vais faire un effort et continuer, coûte que coûte !

19 avril

Cher Journal,

Cet après-midi, sur la place, j'ai croisé Nabila. Elle a changé. En mieux, encore ! Elle est presque aussi grande que moi.

Depuis que nous sommes au collège – elle chez les filles, moi chez les garçons –, nous ne faisons plus nos devoirs ensemble. C'est dommage parce qu'en primaire, nous nous entendions bien, tous les deux. Sa maman, qui est institutrice, nous aidait quand nous bloquions sur un exercice difficile. J'aimais bien sa manière de faire. Elle nous poussait à raisonner tout haut, sans jamais donner la réponse. Quand nous trouvions la solution, de nous-mêmes, nous étions drôlement contents !

Nous n'avons pas pu nous parler longtemps, car Nabila semblait pressée. Je crois qu'elle allait à son cours de chant. Mais elle m'a dit que je pouvais passer chez elle quand je voulais ! Que ça lui ferait très plaisir... et à sa mère aussi.

20 avril

Rouslan est toujours à Jérusalem... Je me demande ce qu'il peut bien y faire, lui qui, lorsqu'il est là, ne quitte jamais sa chambre !

23 avril

Cher Journal,

Pardon pour ce petit silence. Je faisais la grève de l'écriture, c'est tout !

Pour être franc, je n'avais rien de passionnant à dire. Et ce soir, c'est pareil * ! Désolé...

Rouslan doit être tombé amoureux. Peut-être de Jérusalem. C'est une ville extraordinaire, paraît-il.

En attendant, je n'ai toujours pas ton « mode d'emploi ». Peut-être pourrais-je m'adresser à la mère de Nabila ? Mais non. C'est impossible. Si Nabila savait que je tiens un journal, je suis sûr qu'elle se moquerait de moi !

Pourquoi ?

Ne me pose pas de questions, compris ? Je te rappelle que tu n'es qu'un journal !

* Sauf si ça t'intéresse de savoir que je suis nul en sciences... Je viens de ramasser la plus mauvaise note de la classe au dernier contrôle !

Et alors ? Je suis premier en rédaction !

25 avril

Cher Journal,

Entre mes trois leçons d'histoire, de géométrie et d'anglais – ces professeurs, ils vont nous achever ! – j'ai réfléchi à ta question.

D'où me vient cette honte ? Celle que j'éprouve à l'idée de parler de toi aux autres. Comme si tenir son journal était mal ! C'est intime... Honteux, je ne crois pas !

Peut-être cela vient-il de ce que Rouslan appelle un « préjugé » ? Parce qu'avant d'avoir essayé – avant notre « rencontre » –, je pensais qu'écrire était un peu ridicule, surtout pour un garçon.

Aussi, je te demande pardon ! Car, déjà, je le sens, un lien s'est tissé entre nous. Mais quant à l'expliquer, c'est un peu tôt peut-être...

Et pour ce soir, trop tard !

26 avril

Cher journal,

Samy veut que je l'accompagne en ville après-demain. En Israël. Il dit que les chaussures de sport qu'il cherche – des « collector » ou je ne sais trop quoi ! – ne se trouvent que dans un magasin là-bas.

Moi, je veux bien. Je n'ai pas si souvent l'occasion de sortir d'ici ! Mais il faut convaincre maman...

27 avril

Rouslan est rentré ! Je l'ai vu descendre du taxi, sur la place. En plus de son gros sac à dos, il traînait une valise énorme, qui semblait vraiment lourde. Hisham, le costaud du vidéo-club, l'a aidé à la monter jusqu'ici. Je me demande ce qu'il trafique, le vieux Rouslan, avec ses amis de Jérusalem !

J'ai bien envie de monter le voir tout de suite, mais j'aurais l'air de lui sauter dessus. Je dois le laisser ranger ses affaires, se reposer de son voyage...

Et moi, préparer le mien ! Car ça y est, j'ai gagné ! Maman a fini par céder – merci Nora d'avoir pris ma défense en me qualifiant de « jeune homme » ! C'est vrai, je ne suis plus un bébé !

Et toi, prépare-toi aussi ! Parce qu'en rentrant, j'aurai vu tant de choses nouvelles que je vais te noircir un bon paquet de pages !

29 avril

Cher Journal,

Hier, Samy et moi sommes descendus en ville. Je n'y étais jamais allé. Ce n'est pas loin, pourtant. Vingt kilomètres. Mais c'est en Israël. Samy, lui, s'y était déjà rendu plusieurs fois. Avec sa sœur Nadia, celle qui travaille à l'hôpital.

Nous avons quitté le village par l'est. De ce côté, la route n'est pas bonne. C'est plutôt un chemin, sinueux et tout crevassé. L'autre, la vraie, celle qui est large et plus directe, nous est interdite parce qu'elle passe près d'une colonie. De loin, on voit les miradors et les soldats qui gardent les maisons. Tous, nous haïssons ces colons parce qu'ils nous volent nos terres, notre eau, notre liberté d'aller et venir. Mais moi, ce qui me trouble, c'est l'idée qu'on puisse être volontaire pour venir vivre ainsi, dans cette sorte de camp, de prison... même dorée !

Nous n'avons pas marché longtemps avant de devoir passer le premier contrôle. Les soldats ont observé nos laissez-passer, fouillé mon sac, puis nous ont fait signe de circuler.

« T'as remarqué ? m'a demandé Samy quand nous étions plus loin. Ils ne nous adressent même pas la parole. Ils ont trop peur de se salir la bouche... »

Puis nous sommes arrivés à la frontière.

« Tu vas voir, m'a prévenu Samy, de l'autre côté, tout est écrit dans leur langue : les enseignes des magasins, les panneaux, les journaux... tout ! »

Pour traverser, il faut prendre le car. Mais pour prendre le car, il faut de nouveau montrer patte blanche. Faire la queue au point de passage, dans de longs couloirs grillagés, barrés par des chicanes et des tourniquets métalliques. Les soldats, derrière un guichet, ont de nouveau vérifié nos papiers, puis fouillé nos affaires.

Celui qui s'est occupé de mon sac a remarqué dedans le petit porte-clés en forme de globe terrestre que Lili m'a offert pour mon anniversaire. Il l'a pris, l'a fait rouler dans le creux de sa main et l'a montré aux autres, en riant et en parlant dans sa langue. Ils ont ri à leur tour et certains ont même applaudi.

Moi, je n'ai pas compris. Sauf que je ne reverrai plus le cadeau de ma sœur.

Je n'ai pas osé protester.

Nous nous sommes ensuite retrouvés parqués dans une sorte de hangar. Il y avait déjà foule. Des ouvriers attendant patiemment l'autorisation d'aller travailler. Ils s'étaient massés près de la sortie, deux grandes grilles ouvertes gardées par des soldats.

Nous nous taisions tous et nos regards s'évitaient.

Tant de silence pour tant de gens, c'était impressionnant. J'ai eu soudain très mal au ventre, mais il n'y avait pas de toilettes où me soulager. Dehors, sur l'esplanade, on apercevait quelques bus, garés en bataille sous les lampadaires. Les chauffeurs discutaient entre eux avec animation, fumant, riant et faisant de grands gestes. J'essayais de fixer toute mon attention sur eux... et d'oublier mes intestins !

L'attente se prolongeait. Mon porte-clés volé ne cessait de me tourmenter. Bien sûr, ce n'était pas grand-chose : un petit gadget en plastique. Et déjà un peu abîmé.

Alors, justement ! Pourquoi me l'avoir confisqué ?

Pour moi, c'était Lili, le souvenir d'une fête où l'on avait ri...

Mais, ne pas savoir, ne pas avoir compris les paroles du soldat, voilà ce qui me contrarie le plus. Son rire méprisant ne cesse de me tourmenter. Il s'est bien moqué de moi !

Ce soir encore, en écrivant cela, je rougis et j'ai honte d'avoir baissé la tête et de m'être laissé humilier à si peu de frais.

« Surtout, m'avait sermonné Samy avant de partir, il faudra se faire oublier. L'autre fois, ils ont refoulé un type au dernier moment parce qu'il avait ri un peu fort en attendant le car. »

Je n'avais pas envie de rire.

Mais plutôt de faire demi-tour !

Enfin, nous avons franchi la frontière.

Pardon, cher Journal, j'écris mal, j'écris vite. J'ai bien peur que tout cela ne soit illisible, mais il y a trop de choses à dire ! J'ai suivi Samy comme un petit chien, en buvant la ville des yeux. les rues, les avenues, les boulevards, les places, les tours modernes et les grands magasins. Mes oreilles ont tout avalé, des bruits de la circulation aux bribes de conversations attrapées çà et là. Mon cerveau s'est transformé en éponge et, ce soir, il déborde !

Le faubourg de la ville où le car nous a fait descendre est une jungle de cheminées, de poutrelles d'acier, de canalisations rouillées, de murs de brique et de béton, hérissés de tessons de verre et de fils barbelés.

Tandis que nous longions l'enceinte d'une usine, une odeur m'a frappé. Elle était forte et très désagréable. Rien que de la sentir, ma gorge et mon nez me piquaient, les larmes me montaient aux yeux. Et pourtant, elle me semblait familière... Non ! mieux que cela : cette puanteur m'était chère ! Troublé, j'ai laissé Samy prendre un peu d'avance et fermé les paupières. Tâtonnant dans ma mémoire, le nez en l'air, j'ai vu s'éclairer l'image de mon père. Ses habits d'ouvrier, ses mains de musicien, ses cheveux, sa moustache... Oui, c'était ça ! Même après s'être lavé plusieurs fois, même après avoir changé de tenue et même le dimanche, il portait sur lui cette odeur.

« Eh ! Sol ! Qu'est-ce que tu fais ? Dépêche-toi ! On n'a pas le temps de traîner ! »

J'ai rattrapé Samy.

« Mon père a travaillé dans cette usine, j'ai dit en reprenant mon souffle, j'en suis certain ! Tu te rends compte, j'ai reconnu l'odeur ! »

Je jubilais, fier de ma découverte.

Samy m'a regardé d'un air mi-étonné mi-agacé.

« Mon père aussi travaillait là. Comme à peu près tous les hommes du village avant l'Intifada ! Tu savais pas ? Tu arrives de la planète Mars, ou quoi ? »

Sur ce, il s'est mis à presser le pas. Comme je suis plus petit que lui, je devais presque courir pour ne pas me laisser distancer.

J'étais vexé. Mais davantage de ma propre ignorance que de la pique de Samy. C'est vrai, je ne sais rien de rien ! On parle si peu du passé, à la maison...

J'ai cherché quoi répondre, histoire de paraître moins bête aux yeux de mon ami.

« Tu sais, chez moi, dès qu'on évoque un souvenir, dès qu'on prononce le mot *avant,* les larmes coulent et les cris retentissent. J'ai appris à ne plus poser de questions et à ne vivre qu'au présent. »

Samy m'a jeté un drôle de regard et il a ralenti l'allure.

« Eh bien, chez moi, c'est exactement le contraire. Nous ne parlons que du passé et nous vivons dedans ! »

Le vieux quartier, c'est de loin ce qu'il y a de plus beau, en ville. Les murs des maisons sont peints de couleurs vives. Il y a des rues très étroites et pavées comme dans les films d'autrefois, certaines sont en escaliers, d'autres bordées de jardins minuscules. Toutes semblent mener à un endroit secret, un petit paradis caché. Derrière les façades, on devine des cours, fraîches comme des oasis, de l'ombre et de l'eau claire...

Soudain, au détour d'une rue, j'ai reconnu la maison de Yaya. Celle où mon père est né. Je l'avais vue chez ma grand-mère et trouvée belle, sur une photographie en noir et blanc. J'avais remarqué la fenêtre ovale au-dessus de la porte. Et le petit balcon aux barreaux torsadés, imitant les volubilis. Mais en vrai, en rose, elle est magnifique.

Samy en est resté bouche bée.

« Tu veux dire que ta famille habitait ici ? m'a-t-il demandé, incrédule.

– Oui. Jusqu'à la *Nakbar*[1]. Ensuite, mes grands-parents ont été forcés de partir... ça, au moins, je le sais. »

J'ai vu Samy serrer les poings et les enfoncer dans ses poches. Nous sommes restés un moment sans bouger ni parler, à contempler « ma » maison rose.

« Ne t'en fais pas ! Un jour, tu reviendras ici. Et pour de bon ! » a fini par lâcher Samy.

Je n'ai pas pu m'empêcher de penser que sa voix sonnait faux.

Une femme, alors, est sortie de la maison voisine. Elle nous a dévisagés, l'air inquiet. Puis trois enfants ont surgi derrière elle, trois fillettes vêtues des mêmes robes à pois. La plus petite, en nous voyant, nous a souri. Elle était drôle, avec ses tresses, on aurait dit Lili ! Je lui ai souri à mon tour. Sa maman l'a grondée. Elles se sont éloignées.

Nous avons changé de quartier. Mais avant de partir, du bout des doigts, j'ai déposé, sur la maison rose, un baiser...

Samy était déçu. Sa boutique de chaussures avait fermé. C'était un livreur de pizzas qui l'avait remplacée. La devanture venait d'être repeinte et les

---

1. « Catastrophe » en arabe. Désigne l'année 1948, qui vit la proclamation de l'État d'Israël et l'exode forcé de la quasi-totalité des Palestiniens (environ 1 million) vers les pays voisins : Syrie, Jordanie, Liban, Gaza et Cisjordanie.

mobylettes alignées devant paraissaient flambant neuves.

Nous sommes restés plantés là, sur le trottoir d'en face, à observer le type derrière son comptoir. Puis nous sommes partis, sans oser rien lui demander. Pourtant, il n'avait pas l'air bien méchant. Je suis sûr qu'il nous aurait renseignés, donné une autre adresse...

« Tu sais, j'ai dit à Samy qui broyait du noir, les chaussures dont tu parles, de toute façon, elles sont trop chères !

– Pour toi, peut-être ! » s'est-il aussitôt emporté.

Puis d'un geste furieux, il a sorti quatre billets de ses chaussettes. Ça faisait une sacrée somme ! Il avait eu raison de cacher son argent pour passer la frontière... Mais la scène m'amusa : quel talent de magicien !

« Alors ? me narguait-il. Tu me crois, maintenant ? Ces chaussures-là, j'ai de quoi en acheter deux paires, si je veux ! »

Il a rangé son argent et nous avons poursuivi en silence.

(Qu'est-ce que j'ai mal au poignet ! Mais comment faire ? Continuer demain ? Il est... deux heures vingt du matin ! Seulement, si je repousse à plus tard, je risque d'en oublier la moitié !)

Je continue. Nous cherchions un coin tranquille pour manger. Yaya nous avait préparé ses fameux pains farcis à la viande et... aux recommandations !

« Surtout, Sol, s'il te plaît, pas de provocation. Pas d'arrogance. De la fierté, c'est tout ! Ou plutôt, de la dignité. C'est mieux. Si on te cherche, ne réponds pas. Reste toujours poli. C'est la seule chose à faire, crois-moi ! Tu as compris ? Sûr ? Alors, vas-y, répète ! »

Docile, j'avais récité ma leçon... Et oublié mes pains farcis ! Par chance, Yaya s'en était aperçue à temps et avait envoyé Nora me courir après dans la rue.

Pour l'heure, nous ne pouvions pas nous installer n'importe où. Les bancs publics étaient tous occupés. Aux terrasses des cafés, il fallait commander à boire. Partout, nous avions le sentiment de gêner.

Finalement, Samy a repéré un chantier au fond d'une cour. Les ouvriers faisaient la pause à l'ombre d'un petit cabanon.

« Salut ! a lancé Samy en arabe. Bon appétit à tous ! On peut se joindre à vous ? On a de quoi manger !

– *Salam* ! ont-ils répondu tous en chœur. Bien sûr ! Venez ! »

Ils semblaient ravis de nous accueillir parmi eux. Tous venaient de Gaza. Tysser, le plus jeune d'entre eux, un costaud à moustaches, nous a dit qu'ils se levaient à deux heures du matin (Là, ils sont déjà en route...) pour venir travailler parce qu'à cause des contrôles ils mettent quatre heures pour faire cinquante kilomètres.

« Vous gagnez bien ? a demandé Samy, toujours direct.

– Deux fois plus que sur un chantier de Gaza. Pour la famille, ça vaut le coup... a répondu Tysser.

– Oui ! Mais deux fois moins, aussi, que le moindre ouvrier israélien ! a rétorqué un autre. Sans compter que, des fois, ils nous ferment la frontière sous le nez ! Alors, c'est une journée de foutue ! »

Nous avons partagé nos pains. Ils nous ont gavés de fruits secs. Puis nous avons filé, avant que le contremaître n'arrive.

L'après-midi, nous avons traîné dans un parc. Samy louchait sur un groupe de filles qui prenaient le soleil un peu plus loin sur la pelouse. Elles étaient très jolies et ne nous prêtaient aucune attention, parlant tout bas et riant de bon cœur, comme Nora quand elle est avec ses amies.

« T’as vu les mochetés ? a-t-il grogné d’un coup. Allez, viens, on s’en va ! »

Sur l’avenue qui mène à la gare routière, j’ai acheté un lot de dix cartes postales. Cinq sont des vues du vieux quartier. Sur trois d’entre elles, on aperçoit la maison rose.

Le vendeur était un Arabe. Il m’a observé en silence tandis que je choisissais les cartes.

« C’est ta maison, n’est-ce pas ? » m’a-t-il demandé d’une voix très douce.

J’ai fait signe que oui.

« Alors, prends ces cartes. Je te les donne. »

Comme je restais muet, sans comprendre, il s’est mis à rire gentiment.

« Toujours gratuit pour le propriétaire. C’est ma règle d’or ! »

Vers quatre heures de l’après-midi, nous avons repris l’autocar et passé la frontière en sens inverse, dans le flot des ouvriers fatigués. Une fois en Cisjordanie, après un contrôle d’identité rapide, nous avons cherché en vain à monter dans un bus, ou un taxi collectif. C’est un camionneur qui nous a pris gratis à bord, en plus de son chargement – de vieux matelas usagés, empilés les uns sur les autres, ficelés à la benne.

« Messieurs, au balcon ! a-t-il annoncé avec un

clin d'œil en nous montrant le sommet de la pile. Vous verrez, c'est... pa-no-ra-mique ! »

Samy a beaucoup insisté pour le payer quand même. Au moins un petit quelque chose. Il nous épargnait une bonne heure de marche. Et le chauffeur avait raison : la vue valait vraiment le coup !

Je suivais des yeux le contour bleuté des collines, quand Samy a sorti de sa poche un sac en papier bariolé.

« Tiens ! C'est pour toi. Un cadeau... »

Surpris, j'ai tâté le paquet avant de chercher à l'ouvrir, devinant ce qu'il contenait. J'ai ouvert un peu vite, déchirant le papier... J'avais vu juste. C'était un porte-clés. En forme de boussole, avec une aiguille argentée, qui tremblait dans ma main.

Je ne sais pas quoi dire quand on me témoigne de l'affection.

Samy souriait, content de son effet.

« J'ai pas trouvé de globe... »

J'ai fait tourner doucement le grand N, jusqu'à ce qu'il rencontre l'aiguille.

« C'est bon, j'ai dit, une main en visière et scrutant l'horizon, nous roulons bien vers l'est. »

Après quoi, prenant un faux air de conspirateur, j'ai caché mon nouveau trésor dans ma chaussette gauche. Samy riait, la tête renversée dans le vent.

« Tu sais, l'argent, m'a-t-il expliqué par la suite,

c'est pas vraiment le mien. C'est celui de Tania, ma tante qui a émigré aux États-Unis. Elle nous en envoie quand elle peut... »

À la maison, mes sœurs m'ont accueilli en héros.

Lili m'a demandé s'il y avait des grands magasins très chic et des voitures de luxe partout dans les rues.

Nora, de son côté, combien de fois nous avions été contrôlés.

Maman ne m'a pas questionné. Mais elle m'a écouté raconter mon périple.

Je n'ai pas eu le cœur, devant ma petite sœur, de raconter l'épisode du porte-clés volé... Elle était si heureuse d'avoir une carte postale, une vue de la plage !

2 mai

Cher Journal,

Ça y est, j'ai ton mode d'emploi ! Il est très simple... Rouslan a balayé d'un coup toutes mes questions d'élève appliqué.

« Soliman... tu es libre ! Tu n'as de comptes à rendre à personne. C'est ton journal, c'est toi qui es aux commandes. Tu décides de tout. L'écriture, c'est la liberté ! »

J'ai rougi. Par chance, il faisait sombre.

« Ton journal, ce n'est pas une rédaction, n'est-ce pas ? »

J'ai secoué la tête avec force.

« Pour qui écris-tu ? Pour un professeur ? »

Oh non !

« Pour toi ? Pour qui ? Penses-y... »

Je suis redescendu chez moi, plein d'un élan nouveau. Je vais faire comme je veux. T'écrire trois fois par jour ou me taire pendant deux semaines ! Couvrir tes pages de mes mots, de ma vie !

Rouslan a tout balayé d'un coup, oui !

D'un coup de vent de liberté !

Cela dit, sans me vanter, je me suis bien débrouillé, jusqu'ici, non ?

5 mai

Cher Journal,

Cet après-midi je suis allé chez Yaya. Pendant que je l'aidais à faire son jardin, nous avons bavardé.

Mon père a vraiment travaillé dans l'usine qui sent mauvais.

« C'est là qu'il s'est empoisonné ! » m'a-t-elle appris en triant les graines de haricots dans le creux de sa main.

« Avec tout ce qu'il avait déjà dû endurer avant... » a-t-elle murmuré.

J'aurais voulu en savoir davantage, mais elle m'a pressé de questions au sujet de la maison rose.

« Est-ce qu'elle est bien entretenue, au moins ? Y a-t-il toujours des rideaux aux fenêtres ? Ont-ils repeint les barreaux du balcon ? As-tu aperçu le jardin ? »

Je l'ai rassurée. Mais sans lui parler des cartes postales. Je veux lui en faire la surprise pour son anniversaire.

« Ton grand-père et moi, nous l'avons achetée juste après notre mariage. Notre commerce était prospère. On venait de très loin pour goûter nos pâtisseries... Elles étaient réputées, *Les Douceurs de Yaya,* tu sais ! »

Elle souriait...

Mais ses yeux ne me voyaient plus. Ils avaient pris le voile de la nostalgie. Je me sentais devenu transparent.

Elle souriait à un autre que moi. Mon père. Ou mon grand-père... Qui avaient goûté, eux, les douceurs de la vie. Dans cette maison rose.

Un long silence s'est écoulé, avant que Yaya ne soupire en s'essuyant les joues.

« C'est si vieux, tout ça, mon petit... toutes ces sucreries ! »

J'aurais voulu lui dire combien ses gâteaux de semoule à la fleur d'oranger, ses feuilletés au miel et sa fameuse confiture de rose, m'ont fait, me font et me feront toujours aimer la vie ! Quoi qu'il arrive !

Mais je suis resté muet, le cœur serré, incapable d'ouvrir la bouche.

Yaya, très vite, a repris son récit. Sa voix est redevenue presque gaie.

« Sais-tu, Sol, que mon chef-d'œuvre, mon loukoum le plus tendre, le plus réussi, le meilleur d'entre tous les délices que j'ai faits dans ma vie – foi de pâtissière ! – c'était ton père ? »

Elle riait de me voir surpris.

« C'était un ange ! Comme toi. »

D'un geste sûr, elle semait ses graines dans le sillon que j'avais fini de creuser. Sans me parler. Avec de nouveau sur les lèvres son étrange sourire. Triste et fermé, tourné vers l'intérieur...

Plus tard, tandis que nous buvions le thé à l'abri du soleil, elle m'a raconté son « premier amour ». Il ne s'agissait pas de mon grand-père, qu'elle ne connaissait pas encore, mais d'un étranger, un marin, dont elle ne parlait pas la langue. Et lui ne savait que quelques mots de la nôtre.

« C'était un homme doux, tendre et attentionné. Il m'a fait la cour gentiment, pendant plusieurs semaines, en cachette de mes parents. Jamais je n'ai oublié son regard, dans lequel je n'étais ni la bouche à nourrir de trop, qui pèse à sa famille, ni le cadeau de noce que le voisin marchande. Non, pour lui, j'existais. J'avais un cœur libre d'aimer, une tête qui pense, un corps n'appartenant qu'à moi... »

Mais un jour, il est reparti.

« Premier amour, premier chagrin... »

Je l'ai vue hausser les épaules.

« Un marin, il fallait bien ! »

Elle a pris mes mains dans les siennes.

« Si tu savais, Sol, comme j'ai pleuré ! J'ai cru mourir ! J'ai pensé me tuer ! Me jeter à la mer, qui me l'avait volé ! »

Elle secouait la tête, l'air de se moquer d'elle-même...

« Finalement, j'ai bien fait de changer d'avis, n'est-ce pas ? »

J'ai répondu par un sourire gêné.

« Sinon tu ne serais pas là... a-t-elle ajouté, l'œil plein de malice. Et le monde serait moins beau ! »

Maintenant que je suis rentré, que je suis dans ma chambre, penché sur tes pages gondolées, je retrouve les mots qui m'ont fait défaut tout à l'heure. J'aurais dû l'embrasser, la remercier de ce compliment déguisé. Me blottir contre elle un moment, comme je le faisais quand j'étais petit. Au lieu de rougir bêtement, de finir mon verre et de me lever.

À quatre-vingt-deux ans, ma grand-mère est plus vivante que moi !

Ça aussi, j'aurais dû le lui dire.

Avant, j'étais moins timide avec elle. Je lui racontais tout un tas de choses ! Et Yaya m'écoutait, me consolait, m'encourageait...

Pourquoi cela m'est-il devenu impossible ?

On dirait que mon cœur, peu à peu, s'est fermé à clé. Est-ce toujours ainsi qu'on grandit ?

6 mai

Cher Journal,

Maman vient de nous annoncer qu'elle a perdu son travail à Naplouse. Elle était secrétaire dans une fabrique de savons. Je crois qu'elle y tenait les comptes, aussi. Mais cela ne lui plaisait plus. Elle ne supportait pas les humeurs du patron. Et ce matin, elle a craqué. Elle lui a dit ses quatre vérités, avant de prendre ses affaires et de claquer la porte !

J'ai du mal à imaginer la scène. Maman a toujours l'air si calme ! Mais elle a de l'autorité. Elle impose le respect à tous.

Elle nous a dit qu'elle allait chercher quelque

chose de mieux, qu'elle avait des idées, qu'il ne fallait pas s'inquiéter. J'espère qu'elle va trouver. Vite. Sinon, je ne sais pas comment nous pourrons vivre...

7 mai

Cher Journal,

Je n'ai pas le moral...

J'apprécie de t'avoir, dans des moments comme celui-ci. Je sais que je peux me confier à toi. Cela me fait du bien. Je le sens. Me soulage.

Et pourtant – ne te vexe pas – cela me démoralise aussi. Me renvoie ma solitude en plein cœur.

J'ai beau m'adresser à toi, faire semblant... tu n'es pas un ami.

Tu es un confident, oui. Mais tu n'es pas quelqu'un d'autre qui m'aimerait, m'écouterait sans impatience et me ferait confiance. Quelqu'un qui aurait sa propre expérience, à donner en échange. Qui me consolerait...

Tous les garçons que je connais, avec lesquels je m'entends bien, jamais je ne pourrais leur parler aussi librement. Dévoiler ses sentiments, cela ne se fait pas, entre copains...

À mes sœurs, à ma mère et même à ma grand-mère, je ne peux pas, non plus. La pudeur, là aussi, m'en empêche. Nous sommes proches, nous nous aimons, mais les petits gestes du quotidien nous tiennent souvent lieu de mots...

Alors, je n'ai que toi. Qui ne me juges pas, ne m'intimides pas. Mais ne me réponds pas non plus. Comme un miroir, tu captes mon image. Celle de l'intérieur, le reflet de mon cœur. Quand je te relirai, tu me la renverras. Sans plus.

Avec un frère, ce serait différent...

9 mai

Cher Journal,

Ça y est, j'ai osé !

Quoi ?

Aller voir Nabila, pardi !

C'est vrai que jusqu'à la dernière minute, j'ai failli renoncer dix fois...

Déjà, j'ai mis du temps à choisir un T-shirt ! Pour le jean, le noir s'imposait. D'abord, c'est mon préféré. Ensuite, il ne me restait que lui de propre ! J'aurais bien mis ma chemise blanche, la belle, celle que Yaya m'a offerte pour mes onze ans. Mais j'avais trop peur de croiser Jemal et sa bande. Ils auraient remarqué que je m'étais fait beau, ne m'auraient plus lâché avant de savoir où j'allais, se seraient portés volontaires pour m'accompagner, m'auraient charrié tout le long du chemin... Non merci ! J'ai donc mis mon polo vert, passe-partout.

En fait, je suis arrivé chez Nabila sans croiser grand monde. Ils étaient tous au match de foot. Sa mère, qui m'a ouvert la porte, m'a fait des tas de compliments. J'avais apporté quelques sucreries, achetées la veille chez Saleh.

« Va, elle est dans le salon. Je prépare le thé. »

De retrouver ainsi, presque inchangé, l'appartement où je faisais mes devoirs quand j'étais petit, cela m'a plutôt mis à l'aise.

Nous avons parlé du collège, des professeurs et des matières que nous aimons ou détestons, des copains, des copines... La conversation a repris, avec les mêmes rires, les mêmes petites moqueries gentilles – comme avant, quand nous avions neuf ans –, comme si elle n'avait pas cessé. Jamais.

Nous avons aussi parlé de musique. Nabila prend des cours de chant et sa mère dit qu'elle a un don. À ces mots, Nabila est devenue toute rouge – elle a le même défaut que moi ! J'ai fait semblant de ne pas l'avoir vu.

J'ai donné des nouvelles de ma famille, sans oser dire que maman n'a plus de travail. J'aimerais bien qu'elle soit institutrice, comme la maman de Nabila.

L'après-midi est passé à toute vitesse et il a bien

fallu partir. Je ne sais pas si c'était calculé, mais Nabila est allée chercher une cassette, pour me la prêter « quelque temps ». J'ai l'impression que c'était un prétexte, pour que nous puissions nous revoir bientôt... Est-ce que je me trompe ?

En attendant, j'écoute la cassette – dont je ne connais ni l'auteur ni l'interprète – en boucle, sans me lasser !

Si mon cœur est fermé à clé, comme je l'ai prétendu plus haut, il semble que tu saches où elle se cache, cette clé... N'est-ce pas ?

12 mai

Cher Journal,

Samy a dormi chez nous, l'autre nuit. Cela n'arrive jamais, d'habitude. Mais il s'est passé quelque chose de grave ! Je te raconte.

Comme nous avions un devoir de géographie à faire, j'ai proposé à Samy d'y travailler ensemble, avec l'atlas « hérité » de Chéri.

En rentrant du collège, nous nous sommes installés dans la cuisine. C'est là que je fais mes devoirs. Lili s'assied en face, un peu décalée vers la gauche. Maman nous couve des yeux en préparant la soupe.

Et Nora nous aide en mathématiques. Elle est patiente. Elle nous explique. Elle est douée, ma sœur. Elle voudrait devenir docteur, pour trouver des vaccins.

Plongés dans nos cartes du monde, nous n'avons pas vu le temps qui passait. Quand Samy s'est avisé de partir, ma tante est arrivée, son bébé dans les bras et mes cousins pendus à son grand tablier. Elle semblait affolée. Elle criait que Bechir n'était pas rentré, que ce n'était pas normal à cette heure et qu'elle avait entendu des tirs de mitraillettes dans le quartier...

Maman lui a donné quelque chose de chaud à boire. Samy m'a fait signe qu'il s'en allait, mais au même instant Nora est rentrée.

« Couvre-feu ! La police quadrille les rues. Des types ont dû lui échapper... Inutile de sortir, le quartier est bouclé. »

Samy a reposé son sac.

« Tu vas dormir ici, l'a rassuré maman. Ne t'en fais pas, nous allons te faire une place. »

Après quoi, elle s'est retournée vers moi.

« Sol, tu installeras ton ami dans le lit de Chéri. »

(Heureusement que tu es toujours bien caché, cher Journal !)

Nous avons à peine dîné. Personne n'avait d'appétit, sauf le bébé d'Assia qui tétait goulûment.

Quand la nuit est venue, ma tante a regardé dehors et dit qu'elle pourrait retourner chez elle en passant par notre jardin.

Maman n'a pas voulu.

« Avec les enfants ? Tu es folle ? Si la patrouille passe à ce moment-là... »

Ma tante a dit qu'elle pouvait faire très attention et passer juste après la ronde, sitôt que les soldats auraient le dos tourné.

Maman n'a rien voulu savoir. Elle a dit qu'Assia et ses enfants dormiraient chez nous, que demain n'était pas si loin...

« À supposer que tu réussisses à rentrer chez toi, qu'y ferais-tu de plus qu'ici ? »

Ma tante a haussé les épaules et répondu qu'elle ne ferait rien de plus mais qu'au moins elle serait là où elle avait envie d'être, qu'elle en avait assez de ramper devant les Israéliens et de vivre humiliée.

« C'est ça, la paix, Zeki ? a-t-elle demandé, la voix étranglée. C'est ça ? Non, c'est la prison ! »

Maman ne la regardait plus. Elle ramassait les restes du repas, lavait, rangeait, l'air de ne pas entendre un mot de ce qu'Assia disait. Celle-ci a explosé :

« Tu ne comprends pas ça ? Tu survis dans la peur, tu protèges tes petits... mais tu t'aveugles, Zeki ! C'est le désespoir ici ! Tu subis les mêmes humiliations que nous tous ! Seulement, tu encaisses les coups et tu baisses la tête un peu plus chaque fois ! »

Maman ne bronchait toujours pas. Elle connaît sa belle-sœur, réputée pour son caractère « inflammable ».

Assia a conclu son discours en criant que si seulement son frère était encore de ce monde, ça ne se passerait pas comme ça.

Nora s'est levée d'un bond, frappant la table d'un poing rageur.

« Tais-toi ! Tu n'as pas le droit de parler ainsi ! Tu veux rentrer chez toi ? Vas-y ! Moi, si tu veux, je te l'ouvre, la porte ! Et en grand ! »

Comme elle joignait le geste à la parole, mes deux cousins se sont mis à hurler en chœur, et le bébé à gémir, dans son sommeil agité.

Ma mère a pris les jumeaux dans ses bras, les berçant doucement contre elle, essayant de les rassurer.

Ma tante pleurait, maintenant.

Tout le monde était sur les nerfs.

Nora, sans bruit, a refermé la porte.

Lorsque la maison est redevenue plus calme, il a fallu s'installer pour dormir. Maman a proposé son lit, caché dans un coin du salon derrière une tenture, à ma tante et ses trois petits. Ils seraient mieux ensemble.

Ma sœur a offert le sien à maman.

« Non, merci, a-t-elle refusé tout net. Je prendrai le sofa. Ne te fais pas tant de souci pour moi. Tu as cours, demain, n'est-ce pas ? Tu vas te lever tôt. Tu dois dormir comme il faut. »

Là haut, le lit de Chéri était prêt.

Samy semblait fier d'y dormir.

Moi, ça m'a fait tout drôle de voir quelqu'un dedans. Même un ami de toujours...

« Tu sais, ta tante, a commencé Samy, elle a raison ! Y en a marre d'obéir ! Nos flics sont des traîtres ! Ils travaillent main dans la main avec les Israéliens. Pour eux. Faut résister ! Sinon, à quoi ça sert de vivre ici ? Tu peux me dire ? À part à se faire descendre au coin de la rue ? »

Je n'ai rien trouvé à répondre.

« Ton frère est tombé en martyr, a-t-il continué de plus belle, tu n'as jamais songé à le venger ? »

« Si... » j'ai menti.

Je n'ai rien dit de ma promesse.

Bien sûr, Samy ne m'a pas cru. Il me l'a dit et s'est moqué de moi.

« Ça ne sert à rien... j'ai ajouté, vexé, pour me défendre.

– Mais si ! ça sert à quelque chose ! ça sert à leur dire qu'on existe ! Et qu'on veut qu'ils s'en aillent ! Qu'on leur pourrira la vie jusqu'à ce qu'ils comprennent ! Jusqu'à ce qu'ils foutent enfin le camp de chez nous ! »

Il m'a vanté le courage des « grands frères » pendant l'Intifada.

« Ils combattaient les chars avec des pierres. Les *chebab*[1] tombaient comme des mouches, mais ils n'avaient pas peur ! Au contraire ! Chaque jour ils étaient plus nombreux à venir narguer les soldats, ces lâches bien à l'abri dans leurs blindés ! »

Il m'a parlé des groupes armés, des résistants qui s'entraînent à l'étranger, prêts à mourir pour nous, pour notre liberté. Je ne l'écoutais qu'à moitié. Les paroles d'Assia me tournaient dans la tête...

« Ah ! Si mon frère était encore de ce monde, ça ne se passerait pas comme ça ! »

Qu'avait-elle voulu dire ?

Qu'est-ce que mon père aurait changé à la situation ?

Qu'aurait-il fait de plus ? De mieux ? De différent ?

J'ai mis des heures à trouver le sommeil. J'ai longtemps regardé Samy dormir.

Mon oncle Bechir est rentré à l'aube. Il était blo-

---

1. Les « jeunes », en arabe.

qué au point de contrôle, à attendre le lever du soleil et l'autorisation de passer à nouveau.

Quand il est arrivé chez nous, ma tante s'est mise à pleurer de joie ! Des larmes de bonheur ? Je n'en avais jamais vu jusqu'alors.

Non. Je me trompe. Il ne s'agissait pas de joie. Juste d'un immense soulagement.

15 mai

Cher Journal,

Je repense sans cesse à ce que Samy m'a raconté l'autre nuit, sur les *Chahîd*[1].

C'est vrai, je ne sais pas grand-chose, comparé à lui. C'est à cause de ma mère. Elle éteint la radio sitôt qu'on n'y entend plus de musique. Elle coupe les informations. Elle fait taire ma tante dès que celle-ci parle de politique...

Est-ce ainsi depuis toujours ? Ou seulement depuis la mort de mon père ?

Je suis trop jeune pour me souvenir... Lili n'était pas encore née. Maman la portait dans son ventre. Il faudrait que je demande à Nora. Mais elle n'est guère plus vieille que moi. Et puis j'ai peur qu'elle

---

1. Désigne les « martyrs » de l'Intifada.

n'aille tout répéter à maman, qui a déjà trop de soucis en ce moment.

Si seulement j'osais, j'interrogerais ma grand-mère. Ou Assia, ou Bechir... Je n'ai qu'eux, pour savoir. Notre famille est si petite !

Samy, c'est différent. Lui, il a des cousins partout. À Gaza, en Égypte, au Liban... même en Amérique ! C'est compliqué. Ceux de Gaza sont nés en Algérie, où leurs parents s'étaient réfugiés après la guerre des Six-Jours[1]. Ils sont rentrés il y a cinq ans, grâce à l'Autonomie[2]. À l'époque, ils croyaient retrouver leur pays libéré. Mais maintenant, ils disent qu'ils sont plus malheureux ici, chez eux, qu'en exil. Tout dépend d'Israël : pour obtenir le droit d'aller travailler sur les chantiers de Jaffa, Tel-Aviv ou ailleurs, il faut avoir trente ans. Et ses cousins n'en ont pas vingt...

« De toute façon, ils n'ont plus de papiers ! m'a dit Samy. Ni passeport ni carte d'identité. Alors, aux yeux des Israéliens, ils n'existent pas ! Ils ne pourront plus jamais sortir de Gaza ! »

C'est difficile à croire, n'est-ce pas ? Mais il m'a juré sur le Coran que c'est vrai.

---

1. Troisième guerre israélo-arabe (juin 1967). Début de l'occupation.
2. Statut des Territoires palestiniens obtenu après les accords de paix de Washington, entre Yitzhak Rabin et Yasser Arafat, en 1993.

20 mai

Cher Journal,

Au menu, ce soir, nouvelles du collège.

Cet après-midi, après le cours d'anglais, Samy a parlé de la maison rose devant deux garçons de la classe, Hassan et Mouhammad, que je n'aime pas trop parce qu'ils ne s'intéressent à rien – on dirait qu'ils ne viennent en classe que pour dormir ou chahuter ! Bref, au début, j'étais furieux. C'est vrai, le passé de ma famille ne regarde que moi ! Mais ils n'ont pas réagi comme je m'y attendais...

« T'es réfugié ? » m'a demandé Hassan avec admiration.

J'ai dit que non, mais que mon père, lui, était né en Israël et que mes grands-parents y avaient vécu jusqu'en 48.

« C'est vrai ? ! a crié Mouhammad. Mon grand-père avait une orangeraie là-bas ! Immense ! Les plus grands vergers de la côte ! Ils habitaient la plus belle villa de Jaffa ! Bien sûr, les Juifs l'ont réquisitionnée. Et tu sais ce qu'ils en ont fait ? Un asile de fous ! Ma mère dit toujours qu'aussi grande qu'elle soit, la maison ne pourra jamais tous les contenir...

– Moi, ma famille était moins riche, l'a coupé Hassan, impatient. Elle vivait dans une ferme du côté de Haïfa. Mais c'est pareil. Ils nous l'ont prise aussi !

– Et c'est pour ça qu'on vit tous les deux dans ce camp pourri sur la route de Ramallah ! »

Je ne savais pas qu'Hassan et Mouhammad habitaient là-bas. C'est un endroit sinistre, où les maisons ne sont que des amas de planches, de tôles, de morceaux de tentes des années cinquante – un bidonville ! Ça m'a troublé, de les imaginer dans ce taudis. Et puis, ça m'a fait réfléchir... Pourquoi, puisque nos grands-parents ont vécu des choses semblables, j'ai la chance de vivre au village dans une maison en dur et pas eux ?

Samy dit que les réfugiés sont fiers et qu'ils ont bien raison de rester dans des abris provisoires. Même après toutes ces années. Ça veut dire qu'ils refusent le fait d'avoir été chassés.

Après les cours, Hassan est resté pour m'attendre. J'ai oublié qu'hier, en pareil cas, je l'aurais évité. (Encore un « préjugé » !) Aujourd'hui, je l'ai écouté.

Maintenant, je le regarde autrement...

« Tu sais, m'a-t-il dit, un jour mon père est retourné voir sa maison d'enfance. Il m'a emmené avec lui. C'était un long voyage. Quelqu'un du camp nous avait prêté sa voiture. Quand nous sommes arrivés, la maison était grande ouverte. Des enfants jouaient dans la cour. Nous nous sommes arrêtés devant. Mon père ne disait rien. Ne bougeait pas. Moi, j'étais très mal à l'aise. À cause de tous ces gens qui nous dévisageaient, les voisins, les passants. Je voulais m'en aller. Mais mon père avait l'air... si ému. Je sentais combien ce moment pouvait compter pour lui. Alors je me taisais. Je n'osais pas bouger. Au bout de cinq minutes, un homme, tout rond, est sorti de la maison. Il est venu vers nous et nous a salués. Très gentiment. Très poliment. Ça m'a surpris, sur le moment. Il avait deviné qui nous étions. Il paraissait gêné. Il a dit à mon père : "Tu veux combien ? Je te l'achète, si tu veux !" Mon père a gardé le silence, comme s'il était ailleurs, transporté dans un autre monde, un autre temps, une autre vie. Sa vie d'avant, sans doute. L'homme attendait, ne sachant pas quoi dire. Finalement, il a répété sa question, toujours très gentiment, très poliment. Et là, mon père, sans détacher les yeux de la maison, sans jamais regarder l'homme qui lui parlait, d'une voix étrangement calme, a répondu : "Non, je te remercie. Elle n'est pas à vendre. Un jour, mon fils, que voici, reviendra. Il s'y installera. S'y mariera. Mes petits-enfants y naîtront. Je suis venu pour ça, pour lui présenter sa maison... Je te salue." Puis il a tourné les talons. Et nous sommes partis. »

Je n'arrête pas de penser à cette histoire. Au

visage d'Hassan et à son regard, quand il m'a demandé :

« Tu crois vraiment que c'est possible ? Tu crois qu'un jour j'y retournerai pour de vrai ? »

Je n'arrive pas à comprendre...

Pourquoi les Juifs ont-ils chassé nos grands-parents de leurs maisons ? Pourquoi ont-ils eu le droit de le faire ? Sans que personne au monde trouve cela injuste ! Comment ont-ils pu s'installer dedans, sans mauvaise conscience, et vivre leur vie à leur place ?

Je n'arrive pas à comprendre... Est-ce que nos grands-parents méritaient moins d'être là que les nouveaux arrivants ?

Est-ce qu'il y a des peuples qui valent plus que d'autres ?

Je suis tellement énervé que je n'ai plus envie d'écrire ! Je sors faire un tour.

22 mai

Cher Journal,

Il m'est venu ce soir une idée saugrenue...

Et tu es bien le seul à qui je puisse en parler sans

risquer de passer pour un fou ! D'ailleurs cela te concerne directement.

Je n'arrête pas de penser à ce que m'avait demandé Rouslan – pour qui écrire...

Au début, la question m'a paru facile et la réponse évidente. C'est pour moi que j'écris : pas de quoi en faire une histoire ! Ne suis-je pas seul à connaître ton existence ? Et à pouvoir te lire ?

Puis le doute s'est installé...

C'est bien beau de s'écrire, comme ça, tous les soirs ou presque. Mais à quoi ça sert ? Puisque tout ce que je dis, je le sais déjà ! Pourquoi me le raconter encore ? Pour le conserver quelque part, au cas où tout à coup je perde la mémoire ? Non. Je n'ai jamais pensé à ce genre de choses !

Alors ? Pourquoi ?

Un soir, j'ai dit que tu n'étais pas un ami. Que tu me renvoyais ma solitude. Comme un miroir. À quoi ça sert, de s'observer ainsi ? Est-ce que cela m'aide à grandir ?

Le temps passe voilà tout... A-t-on vraiment le choix ?

Alors, pourquoi écrire tout ça ?

Et puis je me suis souvenu du jour où je t'ai découvert, dans ce carton où dorment toutes ces vieilleries, les affaires de Chéri...

C'était un bel après-midi de mars. Il faisait

presque chaud. Le printemps s'annonçait vraiment. J'avais mille autres choses à faire : un devoir de mathématiques, un tour sur la place avec Jemal et sa bande, un saut chez Samy pour écouter la cassette pirate du groupe de rap dont il me parlait sans arrêt... Au lieu de cela, sans raison, je me suis mis en tête de fouiller ce carton. Je l'ai sorti de l'étagère, en vidant puis retirant le rayon du bas, qui gênait. Lili a crié dans l'escalier pour me dire qu'Assia venait d'apporter du pain chaud, mais je n'y ai pas prêté attention. Tant pis pour le goûter, j'étais trop occupé !

Dans le carton, j'ai trouvé des livres d'école, un grand atlas, une collection d'images, représentant toutes sortes de bateaux, des crayons bien taillés, sagement alignés dans une boîte en fer.

J'ai choisi de garder l'atlas. Il va me servir en géographie.

Les images, les crayons, je n'ai pas osé les toucher...

Quand j'ai vu le calendrier, celui de l'année de sa mort, j'ai failli tout arrêter, tout remettre en vrac et tout refermer sur-le-champ... C'est alors que je tu m'as sauté aux yeux ! Toi, le cahier à spirale, poussiéreux, gondolé, dans ton habit de gala noir et blanc. J'ai plongé mon bras au fond du carton, t'en sortant triomphalement. J'avais le sentiment de t'arracher à la tristesse. De te ramener à la vie !

Ce soir, en retournant tout cela dans ma tête, il m'est venu l'idée que tu étais peut-être... une sorte de messager surgi du passé, ou de l'au-delà, venu chercher des morceaux de présent.

J'en suis même arrivé à me demander si, tout gondolé qu'il soit, ton papier n'aurait pas quelque pouvoir magique !

Tu vois, tes pages sont peut-être autant de miroirs sans tain, transmettant de l'autre côté du monde, invisible pour moi, tout ce que je vis et ressens à mesure que je le raconte.

Et si Chéri, à qui tu appartiens peut-être encore au-delà de la mort, se servait de toi pour savoir ce que nous devenons ? Comprendre ce qui nous arrive, depuis qu'il est parti...

Qu'en penses-tu ?

Tant qu'elle me trottait dans la tête, l'idée me semblait bonne. Presque évidente ! Écrite, maintenant, noir sur blanc, elle semble folle... non ?

Tant pis, trop tard.

Je ne tricherai pas et n'arracherai pas la page.

Peut-être y verrai-je plus clair demain ?

23 mai (4 heures du matin)

Je viens de faire un rêve étrange. Il faut que je le note, j'ai peur de l'avoir oublié, demain...

Voilà. Nabila est avec moi, nous marchons sur la place. Jemal et sa bande arrivent et commencent de nous suivre, de nous montrer du doigt. Je me sens mal à l'aise, mais Nabila ne laisse rien paraître. Bientôt les quelques moqueurs sont remplacés par une foule immense, en pleurs, s'écartant sur notre passage. Nous suivons quelqu'un qui court. Un enfant, peut-être – nous ne l'apercevons que par à-coups, quand les gens nous laissent passer.

Soudain, des soldats nous arrêtent. Ils hurlent « Couchez-vous ! Couchez-vous ! » en nous poussant par terre. Quand nous sommes à plat ventre, ils m'obligent à tourner la tête et je perds Nabila de vue. C'est horrible !

Pourtant, mon attention est attirée ailleurs. Entre les bottes des soldats, j'aperçois quelqu'un qui lit, de l'autre côté de la place. Un jeune homme assis contre un mur. Il paraît si calme, au milieu de la foule ! Comme dans une bulle. Je ne peux pas voir son visage, seulement ses cheveux. Bouclés, soyeux. Et tout à coup, je sais que c'est lui ! C'est Chéri ! Et qu'il te tient, cher cahier, cher Journal, ouvert sur ses genoux !

Là, j'ai voulu l'appeler, mais je me suis réveillé.

Je n'en reviens pas ! C'est mon idée de tout à l'heure qui a pris forme dans ce rêve...

25 mai

Cher Journal,

Ce soir, beaucoup de choses à dire.

J'espère que Chéri me lira. Il a le droit de savoir...

Voilà. J'ai mené ma petite enquête, en commençant par ma grand-mère.

« Yaya, j'ai quelque chose à te demander... mais avant, promets-moi de ne pas le dire à maman. »

Elle m'a regardé d'un drôle d'air.

« Je te promets.

– Voilà. C'est au sujet de papa... »

Je crois que Yaya n'était pas surprise. Elle semblait soulagée. Presque fière.

« Que veux-tu savoir, mon petit ?

– Tout ! »

Elle a ri.

Cela m'a rassuré, je craignais de lui faire de la peine...

« Veux-tu dire par là que tu ne sais rien de ton père ? »

J'ai dit que je sais des choses, bien sûr. Mais toutes petites, sans importance. Qu'en y réfléchissant, ces derniers temps, je m'étais rendu compte que le passé n'entrait jamais chez nous – sauf aux anniversaires –, et que tout le reste du temps maman fermait la porte à tout ce qui ressemble à des souvenirs, à tout ce qui réveille la mémoire. C'est vrai, quand je compare avec Samy... lui, il sait tout de sa famille, de ses ancêtres, où ils vivaient, ce qu'ils faisaient. Moi, rien !

« Ne juge pas ta mère, m'a répondu Yaya. Zeki a vécu des choses terribles. Elle a fait le choix d'oublier. Je la comprends...

– Oui, mais toi, tu sais ! j'ai dit. Moi aussi, pour comprendre, j'ai besoin de savoir ! »

Elle m'a demandé par quoi je voulais qu'elle commence. J'ai réfléchi deux petites secondes...

J'étais venu pour parler de mon père, mieux le connaître, l'approcher par la mémoire de Yaya. Mais maintenant, je voyais bien que j'ignorais tout autant l'histoire de ma mère. En grandissant près d'elle, à l'ombre de son chagrin silencieux, j'avais porté toute ma curiosité naturelle sur ceux qui manquaient à l'appel. Jamais sur elle.

Je lui ai demandé de me raconter comment mes parents s'étaient rencontrés.

« C'était en 1970. Ils étaient étudiants et militaient ensemble dans un groupe clandestin. Avec d'autres Arabes, mais des Juifs également. »

Des Juifs ? Ça, ça m'a vraiment étonné. Je croyais qu'ils étaient tous contre nous.

« Mais oui, Sol ! Des Juifs et des Chrétiens ! Qu'est-ce que tu crois ? Notre cause est juste ! D'autres hommes y sont sensibles que nous-mêmes ! Ils défendent l'idée d'un *État binational, démocratique et laïc.* »

Ce qui veut dire que tout le monde pourrait vivre ensemble. Chacun ayant les mêmes droits que son voisin, quelles que soient son origine et sa religion...

Je regardais les mains de ma grand-mère. On eût dit deux oiseaux blessés, trop fatigués pour s'envoler, qui essayaient en vain de battre un peu des ailes...

Est-ce qu'elle y croyait pour de bon ?

« Bien sûr ! »

Les mains de Yaya s'affolaient, prenaient de la hauteur. Et ses yeux me dévisageaient, guettant ma réaction... Je ne devais pas sembler convaincu.

« Bien sûr que c'est possible ! D'ailleurs, si tu veux mon avis, c'est la seule chose qui le soit vraiment ! »

Ensuite, elle m'a tout expliqué. La première fuite vers la Galilée, où vivait Mouna, la sœur aînée de Yaya. Maman, elle, est née à Nazareth. Puis la guerre des Six-Jours, les expropriations, les manifestations, le bagne...

« Ton père y est resté cinq ans. De 1972 à 1977. Et tout ce temps, Zeki l'a attendu. Elle était surveillée de près par la police israélienne. Elle militait beaucoup. C'était une brillante étudiante en droit. Et son père avait été l'un des fondateurs de ce mouvement...

– Mais, en Galilée, vous étiez des... Israéliens ?

– Oui. Des Arabes israéliens.

– Pourquoi êtes-vous de nouveau partis pour venir en Cisjordanie ? »

Ses mains se sont posées sur ses genoux et elles n'ont plus bougé.

« Parce que nous étions harcelés. À bout de forces. Quand ton père est sorti du bagne, il était démoli. J'avais de la famille ici qui me proposait la maison, celle où tu habites aujourd'hui, et nous avons cédé... »

La voix de Yaya s'est éteinte.

Avant de reprendre, cassée.

« Mais c'était une erreur ! Je suis sûre que si nous avions tenu bon là-bas, ton père... et ton frère... seraient toujours vivants... »

Dans un dernier effort, ses mains se sont envolées jusqu'à son visage, pour venir cacher ses yeux.

« C'est moi qui voulais fuir ! Qui ai tant insisté

pour qu'Assil et Zeki me suivent. Je ne me le pardonnerai jamais... »

Sur le chemin du retour, j'ai traîné, déambulé. Fait des tas de détours. Sans y penser, je me suis retrouvé à la porte du cimetière. Alors, je suis allé les voir. Chéri, papa, « mes » morts. Leur tombe est tout au bout de la petite allée.

J'ignore combien de temps je suis resté là-bas. Longtemps, je crois ! Le soleil se couchait lorsque je suis parti.

C'était bon, je me sentais protégé. Comme avant, sous notre escalier, quand nous jouions aux chercheurs de trésors. À l'abri du monde des « grands » où les blessures font mal, où l'on meurt pour de vrai. Où l'histoire continue sans que l'on puisse jamais l'arrêter, ressusciter, rire et faire demi-tour. Tout recommencer depuis le début...

Mais c'est bon aussi de quitter l'abri. De remonter le long de la petite allée. De retrouver la rue, la maison, la cuisine. Lili, Nora, maman, soulagées sans le dire de me voir arriver. Et toi, mon cher Journal, qui m'attends toujours sans t'impatienter !

C'est bon de vivre, tout simplement !

5 juin

Cher Journal,

Depuis que Yaya m'a raconté son histoire, je vois ma mère tout autrement. J'essaie de l'imaginer à vingt ans, à l'université, inventant des slogans, les peignant sur des banderoles et les brandissant en chantant sous le nez des soldats.

Que reste-t-il de cette jeune fille, vivante et révoltée, dans la femme effacée qui hante la maison ? Se peut-il qu'elle y soit encore ? Emmurée derrière le chagrin ?

J'aimerais lui montrer, lui faire entendre que je sais...

Pour l'instant, je n'ai pas osé.

Vais-je le faire ?

Ce n'est pas sûr...

Je dois respecter son silence.

Je me demande si elle en veut à ma grand-mère de l'avoir fait venir ici...

Je ne crois pas. Jamais maman ne montre d'hostilité envers elle. Ni envers personne, d'ailleurs. Elle s'est battue, elle a perdu. Tout perdu. Jusqu'au goût de se battre.

Pourquoi notre histoire n'émeut-elle personne ?

Voilà la source, inépuisable, de la colère des gens d'ici !

Comment pourrait-on la tarir ?

Elle qui jaillit de chaque souvenir...

Des remords de Yaya. Du regard triste de ma mère, de sa résignation amère. De l'odeur de mon père et du corps meurtri de Chéri.

De la misère d'Hassan, de celle des cousins de Samy.

Qui charrie les débris de toutes ces vies, bannies, méprisées...

Aucun homme, sur la terre, ne peut accepter cela sans colère. Subir et se taire.

Non. Je ne crois pas. Il essaie toujours de se révolter, à un moment ou un autre. Parce que c'est dans sa nature. Il a soif de justice.

Nos grands-parents ont été chassés de chez eux, nos parents se sont révoltés en vain. Maintenant viennent les enfants... et même en nous élevant loin des sentiments de haine, de vengeance, on ne peut empêcher la colère d'être là. De germer dans les cœurs. De couler dans les veines. On peut mettre en garde contre elle, on ne peut pas faire qu'elle n'existe pas.

Souvent, je me demande si je penserais pareil si je n'étais pas palestinien.

C'est drôle à dire, ou plutôt, c'est étrange... parfois j'essaie d'imaginer que je suis juif et que je vis en Israël. Éprouverais-je alors la même compassion ? Notre douleur me révolterait-elle autant ?

Tout au fond de mon cœur, dans mon for intérieur – et je le jure sur la tête de ma Yaya – je suis sûr et certain que oui.

15 septembre

Cher Journal,

Voilà longtemps que je n'ai pas pris la peine d'écrire. Pardon.

L'été a balayé mes habitudes. Au collège, il a fallu préparer les contrôles de fin d'année. Je n'avais jamais autant travaillé. Je suis arrivé premier de la classe dans presque toutes les matières, même en mathématiques. Les professeurs m'ont félicité avec beaucoup de chaleur. Samy, Hassan et Mouhammad ont un peu fait la tête...

« Qu'est-ce qui t'arrive ? Tu l'as trouvée où, ta potion magique ? T'aurais pu partager ! »

C'est vrai que la remontée de mes notes en sciences est tellement spectaculaire qu'elle semble tenir du miracle. Mais l'élixir qui me vaut ce succès ne peut être bu par un autre. Depuis que j'en sais plus long sur ma mère, sur ma famille et mon histoire, tout me semble plus clair, plus facile à comprendre. Je réfléchis, j'apprends. J'espère...

J'ai passé mes vacances à travailler avec Bechir. Il va sur les décharges en Israël et récupère ce qui peut être réparé, puis revendu. Le plus important, pour faire ce boulot, c'est d'avoir les bonnes adresses et le laissez-passer. Ensuite, il faut un œil rapide et sûr, des doigts de fée, une carcasse de déménageur... et un nez pas trop raffiné ! Le premier jour, avant de me laisser partir dans la camionnette de son mari, Assia m'a donné un foulard à me « nouer sur le museau ». Il empestait l'encens. Je l'ai empoché sans comprendre. Mais quand nous sommes arrivés sur place et qu'il a fallu commencer de fouiller, je l'ai remerciée mille fois dans toutes les langues que je connais !

J'ai pensé à mon père, à l'odeur de l'usine... Est-ce que plus tard le souvenir de Bechir sentira l'ordure ? Et le mien ? Cette idée m'a tracassé tout l'été.

Le pire, c'est qu'à force on s'y habitue !

Heureusement, maintenant, c'est fini. Je suis fier d'avoir pu gagner un peu d'argent pour aider maman. Et content de ne plus y retourner : vive la rentrée !

D'ailleurs, maman a trouvé du travail. À Ramallah. Dans un lycée. Elle aide les élèves à choisir un métier. Elle est ravie, même si les trajets sont longs.

29 septembre

Cher Journal,

Je dois t'avouer quelque chose...

L'autre jour, la dernière fois que j'ai écrit, j'ai failli te refermer pour de bon, te ranger dans une boîte. Non, pas le vieux carton duquel je t'ai sorti, mais guère mieux, dans le fond. Je voulais te mettre avec mes affaires d'école de l'an dernier, les devoirs sur lesquels mes professeurs ont écrit des commentaires élogieux – « provision d'énergie » pour les futurs jours de contrôles !

Pendant l'été, j'ai cessé de te faire mes confidences. Je travaillais dur, devais me lever tôt... Le lien entre nous s'est un peu relâché. Quand j'ai voulu reprendre, ce geste m'a semblé forcé, un peu artificiel. Je ne savais que dire. En quelques lignes, j'ai tenté de résumer trois mois de silence.

Quand je t'ai refermé, j'étais embarrassé à l'idée de tout ce bla-bla conservé là ! Je t'ai remis dans ta cachette – si secrète que même à toi je ne la dirai pas ! –, comme en transit avant la boîte.

Et ce soir, te voilà dehors. Fringant sous ta couverture si chic, tu t'installes sur mon bureau et m'invites à me confier de nouveau.

D'abord, je feins de t'ignorer. Puis te feuillette, d'une main faussement distraite...

Mais je te retrouve, te reconnais. Comme un ami, fidèle et muet, toujours prêt à entendre ce que j'ai sur le cœur.

Je te retrouve, toi. Mais aussi tous les autres. Tous ceux dont je parle au fil de ces pages. Morts ou vivants, peu t'importe. À toi qui n'es que papier, que pensées... Il me suffit d'écrire leurs noms. Pour toi, tous existent de la même façon.

Depuis hier, des choses graves sont en train d'arriver[1]. Les esprits s'échauffent et le blocus de la zone s'annonce.

J'ai si peur de lire l'avenir, dans les yeux de ma mère ! Je vais encore avoir besoin de toi...

Un quart d'heure plus tard.

Tu veux vraiment savoir pourquoi je ne te dis plus rien de Nabila ?

---

1. Le 28 septembre 2000, la venue d'Ariel Sharon sur l'esplanade des Mosquées, à Jérusalem, est prise comme une provocation par les Palestiniens et déclenche la « seconde Intifada ».

Te souviens-tu du rêve que j'ai noté sur tes pages au printemps ? Il m'a beaucoup impressionné. Revoir Chéri vivant et perdre Nabila... c'était trop d'émotions d'un coup !

J'ai beau ne pas croire aux prémonitions, je m'inquiétais pour elle. Dès que j'ai pu, je suis allé la voir. Mais je l'ai croisée dans la rue, en compagnie d'un beau jeune homme. Ils traversaient la place tous les deux côte à côte, discutant l'air complice... Comme nous dans mon rêve ! Et pas de Jemal pour se moquer d'eux ! Ni foule ni soldats pour les séparer !

J'ai fait demi-tour en courant. J'ai bondi dans ma chambre. J'ai sorti sa cassette de mon baladeur pour la jeter par la fenêtre !

Depuis, le sujet est clos.

1er octobre

Cher Journal,

Hier des soldats israéliens ont tué un enfant dans les bras de son père. On l'a enterré ce matin.

Aujourd'hui, un martyr est né.

Les extrémistes s'en sont vite emparés. Comme ils l'avaient fait déjà pour Chéri. Je me souviens, ça mettait Yaya en furie, tous ces discours de haine, ces appels à la guerre.

« On nous l'a pris deux fois, notre petit ! » disait-elle souvent.

Et voilà que ça recommence...

Partout on parle de « nouvelle Intifada ».

Plus personne n'a le droit de sortir.

Maman ne peut plus aller travailler. Bechir non plus. Comme Tysser, sans doute, et tous ces ouvriers que nous avions croisés en ville, avec Samy.

On attend. C'est tout ce qu'il nous reste à faire...

On prie, aussi. Que cela ne dure pas trop. Que tout rentre bientôt dans l'ordre. Que les parents puissent aller de nouveau se tuer au travail pour nourrir péniblement leurs enfants, promis au même avenir qu'eux...

Nous voilà prisonniers de notre petit coin de terre. Nous voilà, tous, devenus des Robinson, des Vendredi ! Mais qui parmi nous a le cœur à jouer ?

Yaya me manque.

Je ne suis pas allé la voir depuis plusieurs semaines. Je me disais que j'aurais bien le temps plus tard. Mais maintenant, maman ne me laisse sortir que pour aller en cours. Elle a peur que j'aille manifester, jeter des pierres avec les autres. D'ailleurs, ce n'est pas l'envie qui m'en manque. Tous mes copains sont excités à l'idée de montrer qu'ils peuvent, aujourd'hui, faire aussi bien que leurs « grands-frères » lors de la première Intifada...

De ma chambre, je ne vois plus le jardin de Yaya. La baraque d'en face a poussé d'un étage et me bouche la vue. Avant, je pouvais voir son potager, d'ici. Et la tache, colorée, des rosiers. Ça faisait juste un petit carré vert dans l'ocre des maisons, avec l'amandier tout tordu, planté au plein milieu. Suffisait de grimper sur le rebord de la fenêtre. Et de se tordre le cou vers la gauche. Parfois Yaya m'apercevait. Elle agitait les bras, minuscule, mettait ses mains en porte-voix, me criait quelque chose.

« Tu vas tomber ! Sol, s'il te plaît ! Descends ! »

J'étais trop loin. Je ne l'entendais pas. Mais je devinais bien !

Et pour lui faire plaisir, j'obéissais. Je prenais mon élan et plongeais sur mon lit, en arrière. L'édredon se dégonflait d'un seul coup. Je restais allongé dessus, à rire tout seul, comme un fou !

Par ma fenêtre, on ne voit plus le jardin de Yaya.

On voit des rues désertes et des maisons fermées.

Pas de lumière, ils coupent l'électricité. Pas de bruit, on se terre.

Plus de vie, par ici.

Et là-bas, de l'autre côté ?

Au pied des collines, au bord de la mer ?

Derrière les hauts murs de la maison rose ?

Que font les gens ? Que pensent-ils ?

Ont-ils tellement peur de nous ?

Eux qui sont libres d'aller et venir.

Vont-ils au cinéma ? Font-ils des achats dans les magasins ? S'invitent-ils au restaurant ? Ou préfèrent-ils se faire livrer des pizzas ?

Et pourquoi pas ?

Pourquoi pas... moi ?

3 octobre

Cher Journal,

Six jours que la zone est bouclée.

Hier, un Arabe israélien a été tué d'une balle dans le dos par la police. Il était allé manifester pour nous soutenir. C'était un militant de la paix, surnommé *Slider,* le « Passeur[1] ». Il avait dix-sept ans et s'appelait Assil... Comme papa.

Cet après-midi au collège, la rumeur a couru qu'un attentat s'était produit en ville et avait touché des civils.

« Nous saurons bientôt si c'est vrai ! » a plaisanté Samy en imitant le bruit sinistre des avions.

---

1. Le 2 octobre 2000, Assil Asleh, un Arabe israélien militant de l'association « Semences de paix », est tué d'une balle dans le dos lors d'une manifestation pacifiste, à Arrabah, en Galilée.

J'ai fait semblant de rire avec les autres. Mais jusqu'au soir, ventre noué, j'ai guetté, redouté.

La peur, c'est comme une maladie contagieuse. Il suffit que quelqu'un l'attrape, tout le monde autour est contaminé. Se vacciner ne sert à rien, bien au contraire ! Car ceux qui ont connu la guerre sont les plus effrayés de tous. Et les plus effrayants.

Maman a perdu le sommeil. Je l'entends qui veille la nuit. Elle tourne en rond dans la maison. Elle pleure et se parle tout haut, comme après la mort de Chéri.

Ce soir, quand je me suis couché, que j'ai fermé les yeux, son cri, en moi, s'est réveillé... De nouveau, je l'ai entendu déchirer le ciel de mon cœur. Et derrière lui, les mauvaises images, ces souvenirs dont tu avais su me guérir, me sont tombés dessus.

5 octobre

Huit jours...

En classe, nous parlons du blocus. De la situation dans laquelle nous nous trouvons. Les professeurs ne sont pas tous d'accord entre eux. Les élèves non plus.

Certains pensent qu'il ne faut pas céder à la tentation de la violence, ne pas répondre à la provocation israélienne. Que c'est un piège que l'on nous tend. Qu'il faut discuter, avant tout, et ne pas risquer de ruiner d'un coup des années d'efforts et d'espoir.

Les autres disent qu'il y a trop longtemps, maintenant, qu'on attend. Que la discussion est dans une impasse. Que la violence est le seul moyen qui nous reste de montrer qu'on existe encore et qu'on ne se laissera jamais rayer de la carte.

Samy, lui, est de cet avis.

« Et toi, Sol ? Qu'en penses-tu ? »

Moi ?

J'ai si peu envie d'y penser que je passe mon temps le nez plongé dans mes livres au fond de la classe, à me faire oublier.

Des fois, je voudrais ne pas être né.

Pas ici, en tout cas.

9 octobre

Deux semaines bientôt...

Je suis allé passer la journée chez Yaya. Nous avons rangé la remise. J'ai sorti les outils, la vieille lessiveuse et la brouette en bois, réparé ce qui pouvait l'être et balayé le sol avant de tout remettre en place.

J'ai transporté les conserves à l'abri, dans la maison.

« Au cas où... » a soupiré Yaya.

Puis elle m'a demandé d'en dresser l'inventaire.

Elle n'était pas bavarde aujourd'hui. Ça ne fait rien. C'était bien d'être ensemble. De travailler. Le jardin, les conserves... dans les temps difficiles, c'est un véritable trésor !

Mais ce soir je suis épuisé.

Peut-être que je vais dormir ? Demain, sûr que j'aurai de sacrées courbatures !

10 octobre

Cher Journal,

Aujourd'hui est un triste jour...

Plus triste encore que tous ceux qui l'ont précédé.

Aujourd'hui, je me suis battu. À coups de pied, de poing, le cœur plein de haine, comme jamais.

Battu avec mon ami de toujours.

Non, battu contre lui...

Samy a voulu me convaincre de le rejoindre après la classe pour aller « venger les martyrs ». Me persuader que c'était mon devoir.

« Allez, viens ! Je connais un endroit d'où l'on

peut viser des soldats ! J'ai fabriqué des cocktails Molotov ! »

J'ai refusé, comme il s'y attendait, sans doute ! Je crois qu'il me cherchait. Alors il s'est mis à me parler de Chéri et à me traiter de « faux frère » ! Voilà ce qu'il a dit, au mot près :

« Ta colère, ta fierté de Palestinien, qu'est-ce que tu en fais ? La souffrance de ton peuple ? Tu t'en fous ! La tienne te suffit ! Tu veux pas partager ? Mais ton frère, il est mort pour nous tous ! En martyr ! Seulement, toi, Sol... tu as la trouille ! Tu tiens trop à ta peau ! »

Sa tirade, il devait l'avoir sur le cœur depuis longtemps ! Il me l'a débitée d'un trait, devant tous les copains ! Hassan et Mouhammad, entre autres. Alors que nous nous voyons très souvent, tous les deux en dehors des cours, que nous parlons de tout cela, il a préféré me provoquer en public. Au sujet de mon frère, lui qui a tous les siens, et son père encore !

J'ai senti la rage m'envahir. D'un coup.

Les mots – mais lesquels ? – me sont restés dans la gorge et je lui ai sauté dessus, sans réfléchir. J'étais devenu presque aveugle. Et inconscient du mal que je pouvais lui faire. Ou plutôt, je voulais lui faire mal ! Lui faire la peau ! J'ai failli l'étrangler.

On nous a séparés de force et j'ai été renvoyé du collège pour le reste de la journée.

J'avais la lèvre enflée, le genou gauche en sang et les nerfs tellement à vif que j'ai décidé d'aller chez Yaya. Pas question de rentrer. Je n'avais pas envie que maman me voie dans cet état-là !

Bien sûr, j'ai tout déballé à Yaya.

Qui m'a félicité de ne pas m'être laissé dicter mon devoir par « cet excité de Samy » ! Mais elle a ajouté, avec du reproche dans la voix :

« La prochaine fois, essaie de le moucher sans le toucher. Tu verras, cela fait plus d'effet, encore ! »

Facile à dire !

N'empêche...

Et si Samy avait raison ?

Il dit qu'il veut mourir debout, les armes à la main, fier de se battre pour les siens, plutôt que survivre à genoux, humilié, inutile... Et qu'il ira au paradis.

« *Allah* me prendra près de lui. Je serai heureux pour toujours ! »

« Dis-moi, Yaya, c'est où, le paradis ? C'est quoi ? »

Après que Chéri est « monté au ciel » comme on me l'avait répété sur un ton qui n'admettait pas le doute, j'ai essayé d'oublier la vision de son corps mutilé, jeté hors de la vie, par terre, au milieu de la rue. Cent fois, j'ai tenté de l'imaginer souriant, assis sur un nuage blanc, à l'ombre d'un arbre géant...

« C'est un endroit merveilleux, me répondait Yaya, où la haine n'existe pas. Ni le chagrin. Comme une récompense après la douleur de la mort. »

Je ne sais pas pourquoi. Ni d'où ça vient. Mais j'ai beau m'appliquer... le paradis, je n'y crois pas.

Peut-être à cause des images un peu bêtes de ciel et de jardin.

Ou peut-être est-ce tellement beau, tellement bon, que le cerveau humain ne peut le concevoir, lui qui aime inventer des armes toujours plus puissantes et plus meurtrières, et des tas de conflits pour pouvoir jouer avec !

« Tu sais, disait Yaya, si Chéri continue de vivre au-delà de la mort, c'est parce que nous, qui sommes encore vivants, nous continuons de l'aimer très fort, de penser à lui, de lui parler en secret... Notre mémoire, tendre et fidèle, c'est peut-être cela, son paradis. »

Samy a sans doute raison. La vie ne nous réserve rien de bon. La mort, elle, est plus généreuse ! Qui ne promet que le meilleur.

Mais tient-elle ses promesses ?

Je n'ai pas envie de savoir.

Je ne veux pas mourir...

Pas maintenant. Pas déjà.

Même en héros !

J'aime trop ma bonne Yaya et le goût de ses confitures. Ma triste et si jolie maman. Ma brillante Nora. Ma Lili malicieuse. Jamais je n'aurais le cœur à briser les leurs...

Ni celui de quiconque, soldat israélien ou pas.

Car moi, c'est sûr, je tiendrai ma promesse. Celle faite à Yaya de ne pas venger la mort de Chéri. Pas parce que ça m'arrange ! Mais parce que je crois vraiment que ça ne changerait rien. Au contraire ! La vengeance n'est pas un devoir. Voilà ce que j'aurais dû dire à Samy. Sans les poings.

Et mon devoir, le vrai, je trouverai un autre moyen de le faire...

Et puis, qui reconstruira l'avenir si tous les jeunes meurent ?

12 octobre

Cher Journal,

J'ai entendu dire, tout à l'heure, que des soldats israéliens sont tombés dans un guet-apens. Que des espions ont été démasqués et lynchés par la foule à Ramallah.

Vrai ou faux ?

« Nous le saurons bientôt », dirait Samy !

Moi, je n'arrive pas à me réjouir de la mort des autres. Il doit me manquer quelque chose... Ou bien c'est le contraire : j'ai quelque chose en trop.

À quoi ça sert de tuer des Israéliens ?

Puisqu'ils ont d'autres soldats et d'autres espions pour prendre la relève. Je parie qu'ils sont déjà là ! Prêts à nous mettre en joue, à nous mettre à genoux.

Prêts à nous mettre en terre.

On entend les hélicoptères...

14 octobre

Cher Journal,

Il y a deux jours, nous avons été bombardés. Représailles. Les espions, c'était vrai.

J'étais dehors avec Lili, qui me montrait ses dernières prouesses à la corde à sauter, quand les avions se sont mis à gronder au loin.

C'est terrible, tout se passe en quelques minutes. Lili s'est arrêtée, nos regards se sont croisés, paniqués. J'ai pris ma sœur dans mes bras, et j'ai couru vers la maison. Les avions arrivaient. La corde à sauter de Lili s'enroulait autour de mes jambes. Les avions étaient là. Maman et Nora nous ont précipités sous la table de la cuisine.

J'ai pensé d'abord à toi, là-haut, tout seul, dans ma chambre ! Pourvu que...

« Et Rouslan ? » j'ai hurlé. Mais personne n'a entendu mes cris, seulement le bruit des avions. Puis celui des bombes qui nous tombaient dessus. Après quoi, le silence, bourdonnant d'inquiétude, a fini de nous assommer...

Quand nous avons osé bouger, sortir et regarder dehors, j'ai cru que la nuit était arrivée. D'un coup, en plein midi. Pourtant, il faisait chaud. Plus chaud qu'avant. J'ai compris en me retournant. La fumée noire, qui nous faisait comme un couvercle sur la tête, venait de l'incendie d'une maison voisine.

Ouf ! La nôtre était intacte ! Rouslan et mon cahier, sauvés ! J'ai réprimé, honteux, cet affreux sentiment de joie. Quand on a peur, on perd son cœur... C'était un simple coup de chance, tout aussi injuste que le malheur qui frappait nos voisins.

Nora s'est portée volontaire pour les soins d'urgence aux blessés. J'ai couru proposer mon aide aux pompiers de fortune qui s'empressaient autour de la maison en flammes, quand Samy a bondi sur moi.

« Sol ! Vite ! Je suis passé devant chez ta grand-mère ! Je crois qu'elle est bloquée à l'intérieur ! »

La maison de Yaya semblait tenir debout, mais la remise s'était écroulée contre elle et le toit de tôle ondulée, plié sous le poids des gravats, barrait la porte d'entrée.

Ce qui m'a fait le plus mal, sur le coup, c'est de voir le jardin. De l'amandier ne restait que le tronc. Les branches et le feuillage, tout cela s'était envolé, décapité par le souffle de l'explosion. Les beaux rosiers grimpants gisaient sous les débris du mur qui, jusqu'alors, les avait toujours protégés. Du soleil, pas de la folie des hommes...

J'ai frappé aux volets, cogné fort dessus du plat de la main. J'ai appelé, appelé, appelé...

Pas de réponse.

« Peut-être qu'elle est allée s'abriter chez des voisins ? »

J'étais désemparé.

Samy, son père et leur voisin Momo ont proposé de m'aider à tout déblayer. On se pressait. On ne se parlait pas. Il fallait se méfier. Ça pouvait s'ébouler encore.

Quelqu'un, plus loin dans le quartier, chantait une mélodie d'amour d'Oum Kalsoum, *El Atlal*[1]... Un air triste à pleurer, à fendre les cœurs les plus

1. Oum Kalsoum (1898-1975) était une grande chanteuse égyptienne, adulée dans tout le monde arabe et *El Atlal* signifie « Les Ruines » en arabe. C'est le titre d'une chanson d'amour très connue.

durs. Au début, la voix était claire, sonnait bien. C'était poignant. Mais, petit à petit, le chant est devenu plus faux, plus hésitant, plus maladroit. Désagréable. Et à force, comique.

Momo d'abord, puis tous les quatre, nous avons été gagnés par un terrible fou rire. Étouffé, silencieux. Puis libéré, de plus en plus bruyant. J'en avais mal au ventre ! Samy riait tant qu'il a dû s'asseoir par terre pour ne pas tomber.

Finalement, après quelques soupirs et haussements d'épaules, nous avons repris notre souffle.

De nouveau rempli la brouette.

De nouveau vidé la caillasse.

De nouveau, vite et en silence.

Entre-temps la voix s'était tue.

C'est là...

Là que j'ai vu les larmes couler sur les joues barbues de Momo. Que j'ai senti mon cœur inondé de douleur... *Nabila ! Où es-tu, Nabila ? Je voudrais entendre ta voix. T'entendre chanter une fois, au moins. Même pour un autre que moi... S'il te plaît, Nabila. S'il te plaît, promets-moi* !

Quand la porte a enfin été dégagée, je l'ai poussée en retenant mon souffle.

Moi qui m'attendais au pire, j'ai trouvé Yaya dans son lit.

« Sol, mon petit, pourquoi suis-je encore ici-bas ?

Les bourgeons meurent avant d'éclore et les vieilles branches demeurent… »

Ses yeux me fixaient sans me voir.

« Ne t'en fais pas, Yaya. Je suis là. Je suis venu te chercher. Tu seras mieux chez nous. La maison est debout et… »

Elle m'a arrêté, d'un geste ébauché de la main.

« Je suis trop fatiguée, a-t-elle gémi dans un soupir. Trop fatiguée de tout… »

J'ai voulu protester, mais elle a continué.

« Nous, les vieux, les maudits vieux qui n'avons pas été capables de vous offrir un avenir… nous voilà bien punis ! Forcés de pleurer tous nos descendants avant de disparaître enfin ! »

Sa voix tremblait. Elle m'a saisi le bras de sa poigne de fer.

« Je veux mourir, Soliman ! Ici et maintenant. »

Avec un long soupir, elle a fermé les yeux.

« Non ! » j'ai dit.

C'est sorti tout droit de mon cœur. Non ! Yaya ne me ferait pas ça. Moi aussi, j'étais fatigué ! Après tous les efforts que nous venions de faire pour la retrouver, elle allait nous quitter ?

Non ! D'ailleurs cela ne lui ressemblait pas…

Yaya qui était la vie même, ma Yaya de toujours attendant la mort ?

Mais la mort sait se servir toute seule.

J'ai appelé Samy qui était resté en retrait sur le pas de la porte. J'ai appelé son père, j'ai appelé Momo, qui tentaient de sauver les rosiers du désastre.

Nous avons sorti Yaya de son lit, l'avons calée dans la brouette avec son édredon à fleurs et ses coussins râpés, et conduite ainsi jusqu'à la maison, à travers les ruines du quartier démoli.

En fait de mourante, c'est une furie déchaînée que maman a vue arriver chez elle, à bord de ce carrosse d'un genre nouveau...

« Ton fils ne veut pas m'écouter ! Il n'en fait qu'à sa tête ! Zeki ! S'il te plaît ! Dis-lui, toi, de me laisser tranquille...

– Ressuscitée ! m'a soufflé Samy dans l'oreille.

– ... et de me ramener tout de suite chez moi ! »

Mais maman, sous son toit, c'est elle qui fait la loi. Sans prêter la moindre attention aux protestations de Yaya, elle s'est empressée de changer ses draps et de l'installer dans son lit.

« Tu seras comme une reine ! » j'ai dit, comme pour m'excuser.

Elle a tourné la tête de l'autre côté.

« Allez, Yaya ! s'est exclamée Nora en la voyant bouder. Arrête un peu ton cinéma ! C'est notre tour de te choyer... Nous te devons bien ça, non ? Alors, tu ne vas pas nous gâcher le plaisir ! »

Après, nous sommes retournés chez elle pour

chercher ses affaires. Trois robes, une théière, son album de photographies... et sa réserve de conserves. Nous l'avons partagée avec Momo et la famille de Samy, pour les remercier de leur aide.

Je ne sais plus quelle est cette expression, celle qui dit que dans tout malheur se cache un petit morceau de bonheur. Je crois que je viens de comprendre... « grâce » au bombardement, j'ai retrouvé Samy.

Et puis, ce soir, Nora m'a pris à part.

« Au fait, Sol ! a-t-elle commencé d'un drôle d'air. Une jeune fille est passée, tout à l'heure. Elle m'a dit son prénom, mais...

– Nabila ? j'ai dit.

– Oui ! C'est ça... Nabila. »

J'ai demandé si elle était venue pour chercher sa cassette, mais Nora m'a dit que non, elle n'en avait pas parlé. Elle voulait juste savoir si tout le monde allait bien chez nous...

« Tout le monde ? » j'ai demandé, la voix tremblante. Ma sœur a souri de plus belle, pointant son doigt sur ma poitrine.

« Oui, oui. Tout le monde, en général... Et toi, en particulier ! »

Quelle ironie ! Nous passons l'après-midi sous les bombes et je ne me tiens plus de joie ! La peur et l'envie de danser se disputent mon cœur. Jamais je n'avais ressenti à ce point l'absurdité de la vie...

PS : Mais que vais-je devoir inventer pour expliquer la disparition de sa maudite cassette ?

Si je ne l'avais pas jetée, j'aurais un bon prétexte pour aller chez elle, de nouveau...

Quel idiot !

15 octobre

Cher Journal,

Passé la joie de savoir que Nabila se souciait de moi, je sombre dans le doute...

Et le jeune homme de l'autre jour ? Qu'est-il devenu, celui-là ? Peut-être l'a-t-il laissée tomber ? Est-ce par dépit qu'elle revient me chercher ? Attention, je ne joue pas remplaçant, moi !

Ne me serais-je pas fait des idées depuis le début ?

Nabila, Nabila...

Je vais attendre un peu, qu'elle revienne.

Je ne veux pas avoir l'air de tenir à elle.

17 octobre

Cher Journal,

Pour me faire pardonner le voyage en brouette, j'ai offert à Yaya toutes les belles cartes postales de la maison rose que j'avais achetées en ville, avec Samy.

Elle m'a posé la main sur la joue.

« Sol, tu as bon cœur, tu as bon cœur, mon petit, répétait-elle.

– Regarde... »

Elle a fouillé dans le col de sa djellaba et en a sorti une chaîne en or. Au bout, se balançait une jolie clé.

« C'est celle de la maison rose... »

Elle a levé les bras derrière sa nuque pour ouvrir le collier, faire glisser la clé dans sa main...

« Je te la donne. »

Je n'en croyais pas mes oreilles. J'ai protesté, dit que c'était à elle, que c'était important pour elle, qu'il fallait qu'elle la garde. Rien à faire.

« Je voulais te l'offrir plus tard. Quand tu deviendrais un jeune homme... Mais, tu l'es déjà. Dans ta tête et dans ton cœur. »

Je ne trouvais plus mes mots, serrais la clé dans ma main.

« Je suis très fière de toi, Soliman. »

D'un coup, les paroles de Samy, prononcées dans

le vieux quartier, devant la maison rose, me sont revenues...

Ne t'en fais pas ! Un jour, tu reviendras ici. Et pour de bon.

J'ai ouvert la bouche, sur le point de dire à Yaya, de lui promettre, qu'un jour, cette clé, de nouveau, ouvrirait la porte de sa maison... Mais, comme si elle avait deviné, lu mes pensées, elle a mis son doigt sur mes lèvres et froncé les sourcils.

« Non, Sol, ne me promets pas l'impossible... Je suis vieille. La maison rose appartient au passé. Dans mes souvenirs, elle reste sans doute plus belle qu'elle ne le sera jamais en réalité. J'y ai vécu des jours heureux. Les plus belles années de ma vie... Ce que je veux, c'est que toi, tu trouves ta maison rose. Ici, ailleurs, peu importe... La terre, la mémoire, c'est très important. Mais la vie est si courte ! Il faut savoir, aussi, aller de l'avant. »

Ce soir, je dors avec la clé.

D'abord, j'ai pensé l'accrocher au porte-clés que m'a donné Samy. Mais j'avais envie de la porter comme Yaya. J'ai trouvé un lacet de cuir, qui m'a semblé faire l'affaire. Et, dans la glace de Nora, torse nu, la clé au cou, je me suis trouvé... beau !

Depuis, je n'arrête pas de la regarder. Elle est

jolie, travaillée. Polie par les années. Lourde, aussi. Je vais m'y habituer.

J'ai raccourci le lien. Serré le nœud plus fort. Pour me l'enlever, maintenant, il faudra un couteau.

Et j'ai décidé qu'elle me porterait bonheur, tout au long de ma vie.

20 octobre

Cher Journal,

C'est la nuit noire. Je me relève pour écrire. Plus fort que moi. Je ne peux pas dormir. Je guette tous les bruits. Dedans, dehors. Je ne sais pas pourquoi. Comme si j'étais obligé. Pourtant, personne ici ne dort, j'en suis sûr.

Yaya ?

Je jurerais que non.

Un jour, elle a dit qu'avec l'âge on perdait le sommeil.

On vieillit vite, ici...

Rouslan, lui non plus, ne dort pas. Il se tient assis devant sa fenêtre. Au-dessus de ma chambre. Je l'entends qui bouge de temps en temps. Il se tue les yeux à lire ou écrire.

Comme moi...

Ah, la belle armée que voilà ! Tremblez, soldats !

Sur vos chars, dans vos hélicoptères ! Tremblez devant les glorieux insomniaques ! Voyez ces braves fantassins, comme ils manient bien le stylo ! Admirez-les, qui versent du sang d'encre plein leurs champs de bataille en papier quadrillé !

Qui dort en ce moment ? Qui peut dormir encore ? La peur, la haine et le malheur au ventre. Qui peut accomplir ce prodige ? S'abandonner, confiant, dans les bras du sommeil...

Un fou ? Un sage ? Un innocent qui ne sait rien, ni de la vie, ni de la mort. Un enfant, peut-être ? Un nouveau-né, alors. Le bébé d'Assia en sait déjà trop. Il tète la révolte au sein d'Assia et sent les bombes frôler son berceau. Trop tard ! Le voilà sur la liste des abonnés aux cauchemars...

Et mes sœurs, dorment-elles ?

Je ne sais pas. Nous ne parlons pas de cela. Nous ne parlons pas non plus d'autre chose. Nous ne nous parlons presque plus.

Le désespoir, la peur et la colère, ça pèse lourd dans nos poitrines.

Ça les écrase, les mots.

Ça les étrangle...

Pauvres mots ! Ils sont à notre image, sans force et désarmés. Ils restent là, tapis dans le noir de nos cœurs, comme de petits animaux traqués.

Parfois, ils s'impatientent, palpitant de l'envie de

dire ce qu'ils savent de nous. Mais ils ne peuvent plus s'échapper de nos bouches. Ils essaient quelquefois, n'y arrivent jamais. Ne parviennent plus à se hisser jusque-là...

Heureusement, tu es là, cher Journal.

Dès que je t'ouvre, les mots reviennent. Me coulent du cœur à la main. Je me demande ce qui leur donne ce courage.

Le silence, peut-être...

Car user de la voix, c'est risquer de crier d'effroi.

Et toi, Nabila ?

Dors-tu ? À quoi penses-tu ?

De qui rêves-tu ?

28 octobre

Un mois déjà...

Des morts et des gravats.

Les Territoires fermés à clé.

Je reste à ma fenêtre, je regarde le ciel, rêvant d'être un oiseau. Libre d'aller où bon me semble.

Les oiseaux nous survolent avec indifférence. Ici, là-bas, peu leur importe. Ils n'ont que faire des frontières et des couvre-feu ! Pour eux, nous ne sommes rien de plus que d'autres animaux, plus grands qu'eux, plus bruyants et plus dangereux...

Le voilà, l'innocent !

Celui qui peut dormir en paix...

Pourtant, ça ne l'empêchera pas d'être tué, lui aussi. Et peut-être en plein vol. D'un coup de fusil ou d'un jet de pierre.

J'ai fait ça, quand j'étais petit. Quelques jours avant la mort de Chéri. Tuer un oiseau. Un geai qui volait nos cerises. D'un coup de lance-pierres.

J'avais choisi le caillou avec soin, pointu, coupant, et j'avais attendu longtemps. Épié ma proie sans bouger. Guetté, visé, tranquillement. Tiré. Le geste sûr. Et touché l'oiseau dans le mille.

Il était tombé de la branche avec la lourdeur d'un fruit mûr. Trop mûr. Qui commence à pourrir.

Je m'étais approché sur la pointe des pieds. Je me méfiais.

Comme s'il pouvait s'agir d'une ruse ! Comme si le geai faisait le mort pour me surprendre et mieux m'attaquer à son tour !

L'animal gisait sans malice, l'œil rond, grand ouvert sur l'autre monde, l'au-delà...

Dès que mon regard s'était posé sur lui, mon plaisir d'avoir visé juste s'était évanoui. Qu'il était beau, cet oiseau, vu de près ! J'en étais ébloui. La finesse du dessin de ses plumes, duveteuses dans son cou, bleu et blanc sur ses ailes, si vives... Tout cela me fit honte.

J'ai appelé Chéri.

« Il faudrait l'enterrer... »

Nous avons creusé une tombe tout au fond du jardin et couché dedans l'oiseau mort. Il était tiède encore. Je l'avais enroulé dans un joli mouchoir.

Plus jamais je n'ai tué.

Pas même une araignée !

Chéri est mort comme un oiseau.

Sans avoir jamais volé de cerises.

Mon frère, mon Robinson, mon chasseur de trésors, dévoreur de petits pains chauds...

Mon frère qui n'a rien trouvé, que la mort.

Mangé la poussière de la rue, pour son dernier repas.

Souvent, lorsque le sommeil ne vient pas, je m'imagine partant à la recherche du soldat qui l'a tué. Je mène une longue enquête, retrouve enfin sa trace et m'en vais frapper à sa porte. Des heures durant, seul dans mon lit, les yeux fixés au plafond, je joue, rejoue et répète, ce face-à-face, à l'infini...

Le soldat m'écoute lui parler de Chéri, de sa passion des bateaux, de la mer. De ses voyages imaginaires. Et des jeux que nous partagions – Robinson et Vendredi, par exemple.

« C'était un rêveur, tout sauf un va-t-en-guerre, mon grand frère ! »

Alors, je vois le visage du soldat changer.

S'ouvrir !

Ou se fermer.

Parfois, il regrette son geste. Rend son arme. Change de camp. Il me serre dans ses bras, me demande pardon.

Et tous deux, nous pleurons...

Mais d'autres fois, il me regarde avec mépris. Me dit qu'il a fait son devoir, qu'il en est fier, que ses supérieurs l'ont félicité...

Je suis incapable d'imaginer la suite. Je ne veux pas savoir. Ni ce que je dirais, ni ce que je ferais.

Alors, je retourne au début. Je repars, je reprends. L'enquête. La découverte. La rencontre. Je recommence toute l'histoire. Jusqu'au dénouement espéré...

Pardon et réconciliation.

Est-ce un rêve de fou ?

Yaya dit que ce soldat n'était qu'un gamin qui faisait son service.

Avait-il déjà la vocation d'assassin ?

Comme Samy quand il parle de s'engager auprès des résistants ?

Pourtant, Samy est mon ami...

Plus tard dans la nuit.

Je ne dors toujours pas. En plus, j'ai froid. Je suis descendu chercher une couverture, mais le placard est vide. J'ai enfilé trois paires de chaussettes, l'une sur l'autre. Et le bas de mon survêtement. Après trois douzaines de pompes, ça va mieux. Seulement, maintenant, je suis bien réveillé. Je n'ai pas trop le choix, j'écris...

Yaya dit que ce qui nous sépare aujourd'hui, les Juifs et nous, ce ne sont ni nos religions, ni nos langues, ni nos coutumes différentes, ni même plus la question de la terre, mais tous ces morts, tous ces chagrins inconsolables que nous nous causons les uns les autres sans fin.

« Le fossé entre nous se creuse à mesure que les corps y tombent. Et cette terre que nous nous disputons sera bientôt si gavée de cadavres que plus rien de bon ne sortira d'elle. Pas un arbre, pas une plante, pas le moindre petit brin d'herbe. Ainsi nous chassera-t-elle tous. Tous ! Sans faire de différence ! Alors, il sera bien tard pour comprendre... »

Elle dit que de l'autre côté de la frontière, il y a des grand-mères qui rêvent de fraternité, comme elle...

« Nos cœurs de vieilles sont faits pareil, n'est-ce pas ? Elles aiment aussi voir briller le bonheur dans les yeux de leurs petits-enfants ! Pourquoi, dis-moi, en serait-il autrement ? »

Même nuit, presque l'aube

Je redescends de chez Rouslan. Je me sentais si mal, après avoir écrit tout ça, que je suis monté gratter à sa porte.

Il n'a pas semblé surpris de me voir et m'a fait asseoir dans le grand fauteuil qu'il réserve à ses visiteurs. C'est son seul meuble de valeur. Bien que le cuir en soit usé, on s'y sent, dedans, comme un vrai pacha !

Il m'a proposé du café.

Puis il a ravivé la flamme de sa lampe à huile et s'est assis à sa table.

Il se taisait. Attendait-il que je lui parle ? Que je lui dise pourquoi j'étais là ?

Je ne crois pas...

Rouslan sait lire à l'intérieur des gens.

Et d'ailleurs ses yeux me parlaient.

« Merci à toi, Sol, d'être venu me voir, me tenir compagnie, même à cette heure tardive. J'avais justement besoin de quelqu'un à qui offrir un bon café... »

Ainsi avons-nous gardé le silence, tenant nos tasses entre nos mains serrées, comme on le fait parfois, en hiver, pour se réchauffer.

Désolé, cher Journal, ta seule compagnie ne suffit plus toujours à calmer mon angoisse...

28 décembre

Cher Journal,

Trois mois...

Notre maison est devenue notre prison.

Notre terre, un enfer.

Trois mois...

Dis-moi à quoi ça sert de faire le décompte ? Quel record doit-on battre ? Pour quel concours absurde ? Le « grand prix mondial du blocus » ? Et pour quelle récompense ?

La liberté ?

La paix ?

Le droit d'être un vrai peuple, à part entière ?

Si oui, ça vaut le coup.

Sinon...

Compter les jours n'a pas de sens. Le temps lui-même n'en a plus. Quand l'avenir tourne le dos...

Déjà qu'il nous faut compter tout le reste !

Le pain, l'eau.

Et les rêves...

Nos rêves ! On les ravale, mais ce n'est pas très nourrissant. Ils nous paraissent ridicules, maintenant.

Nora veut devenir docteur. Elle ne passera plus le moindre examen cette année. L'université se trouve trop loin. Il y a trop de barrages à franchir, pour s'y rendre chaque matin. Quant à l'année prochaine... Si la « nouvelle Intifada » dure autant que l'ancienne !

Lili voudrait faire des études, elle aussi. Mais maman ne travaille plus. Comment les lui payer ?

Samy rêvait de devenir footballeur. Mais pour jouer où ? Dans quelle équipe ? Et devant qui ? La partie se déroule sur un autre terrain. Les bombes, les balles ont bien vite remplacé le ballon.

Et moi, qu'est-ce que je voulais faire ?

Je ne sais pas. N'ai jamais su, je crois.

C'est mieux, peut-être. Au moins, je ne suis pas déçu.

Je voudrais juste vivre...

PS : Je n'ai pas revu Nabila. Elle n'est pas revenue me voir, je ne suis pas allé chez elle.

Tout me devient indifférent.

Elle, en tout cas, pourra toujours chanter... aux enterrements.

4 avril

Cher Journal,

Cela fait si longtemps que je n'ai pas écrit !

Je n'en ai plus le courage, comme avant...

Pourtant, j'en ai envie, souvent. Mais le premier élan passé, je ne trouve plus rien à dire. Tout est tellement désespérant ! Il y a deux mois, les Israéliens ont changé de gouvernement et le nouveau Premier ministre est un « ennemi de la Palestine[1] ». La paix n'est plus une priorité.

L'histoire fait demi-tour...

Ce soir, c'est différent. Je sais que je ne pourrai

---

1. Le 6 février 2001, Ariel Sharon est élu au poste de Premier ministre du gouvernement israélien. Les Palestiniens le considèrent comme un ennemi, notamment à cause de son passé militaire.

pas dormir si je ne t'écris pas. J'en ai besoin pour me calmer. J'en tremble encore !

Voilà.

En rentrant du collège, tout à l'heure, je me suis trouvé nez à nez avec un barrage de l'armée. Des barbelés, des pavés, des gravats et un camion bâché en travers de la rue. Il n'y était pas ce matin.

J'ai senti mon sang se glacer d'un coup et mon ventre se tordre.

J'ai pressé le pas, sans me mettre à courir. Et contourné l'obstacle en passant par un raccourci. On le prenait parfois, Chéri et moi, pour aller chez Yaya. On avait peur parce qu'il est sombre et très étroit. En fait, je crois qu'on y allait pour ça...

Le raccourci m'a paru plus long que prévu. Et qu'est-ce qu'il sent mauvais ! J'avais oublié. En tout cas, quand j'ai eu traversé deux cours pleines de détritus et dévalé le dernier escalier puant, j'ai retrouvé la rue avec soulagement.

Pourtant, ce n'était pas fini...

Cent mètres à gauche, ma maison. Cinquante à droite, le barrage. Plus personne dehors. Que des portes fermées, du silence et les battements violents de mon cœur.

Je me suis engagé sur le trottoir.

J'avançais vite, le souffle court.

Y avait-il des soldats, embusqués derrière moi, planqués dans les gravats ?

Oui. J'en étais sûr.

Je pouvais les sentir...

Qui me suivaient, l'œil rivé dans le viseur de la mitrailleuse.

Ils n'attendaient qu'un faux pas de ma part. Je le savais. Je faisais la cible idéale.

Il ne me restait plus que vingt mètres à franchir quand ils se sont mis à tirer en l'air.

J'ai perdu mon sang-froid. J'ai cru qu'ils me visaient vraiment. Mes jambes se sont mises à courir, toutes seules, à tort et à travers. Je me suis tordu la cheville, tombant par terre juste devant chez moi.

J'ai cru entendre dans mon dos quelques salves de rire...

La porte de la maison s'est ouverte et Nora m'a tendu la main. J'ai rampé jusqu'à l'intérieur, trempé, tremblant, noyé de sueur et de peur.

Je n'ai pas pu parler, raconter ce qui s'était passé.

Mais tout le monde a deviné...

Je réalise que j'aurais pu mourir.

Sans avoir entendu chanter la voix de Nabila.

6 avril

Cher Journal,

Hier, je suis monté chez Rouslan.

Chaque fois, j'ai peur de le déranger. C'est idiot, car il m'accueille toujours avec plaisir.

« À ton avis, est-ce qu'*Allah* veut la guerre ? » je lui ai demandé en prenant place dans son grand fauteuil.

Il m'a souri, surpris, puis il a soupiré.

« Je ne le pense pas. Et toi ? »

J'ai haussé les épaules en signe d'ignorance.

« Je ne connais pas assez Dieu pour savoir ce qu'il veut. »

Notre famille n'est pas très religieuse.

Rouslan a hoché doucement la tête et s'est caressé la moustache.

« Quel âge as-tu ?

– Douze ans. »

– Eh bien, tu es un sage, Soliman. Car Dieu est un mystère et il me semble, en effet, difficile de parler en son nom... »

Il s'est interrompu, pensif.

Un oiseau s'est posé sur le rebord de la fenêtre.

Derrière, le soleil couchant flamboyait.

« Pourtant, je suis sûr d'une chose, a fini par ajouter doucement Rouslan. Dieu est le souffle de la vie. On ne peut pas tuer pour lui... »

En entendant ces mots, l'oiseau s'est envolé.

Même jour, un peu plus tard

J'oubliais ! J'ai vu la grosse valise que Rouslan avait rapportée de Jérusalem, l'an dernier. Elle est posée dans un coin, près du lit. Je ne l'avais pas remarquée avant. Dedans, il n'y a que des livres, des dizaines de livres ! Je comprends pourquoi elle était si lourde !

8 avril

Cher Journal,

Attention ! Au secours ! Je vais t'annoncer une catastrophe ! Nora va s'installer ici, dans MA chambre !

Je t'explique...

Depuis six mois, Yaya trône dans le salon – elle a retrouvé son sourire dès le lendemain de son arrivée et ne parle plus jamais de partir. Tant mieux, car des gens se sont installés dans ce qui reste de sa maison. Une famille de douze enfants qui n'avait plus de toit, suite au bombardement. Je me demande comment ils font...

Depuis six mois, maman dormait sur le vieux sofa défoncé. Hier, elle avait si mal au dos qu'elle ne pouvait plus bouger. Nora lui a généreusement proposé son lit et, considérant que celui de Chéri était parfait pour elle, a décidé, sans me demander mon avis, de s'y installer !

Elle déménage ses affaires ce soir.

Adieu, Journal ! Fini l'intimité ! Je peux faire une croix sur toi !

15 avril

Cher Journal,

Eh bien... contre toute attente, ma sœur sait se montrer discrète. Elle n'entre jamais sans frapper, ne m'a pas envahi – ses affaires tiennent dans un sac, posé au bout du lit – et la nuit, je l'avoue, sa présence me rassure.

Sais-tu que nous parlons ? Parfois jusqu'au matin !

Oui ! Nous parlons. Enfin !

Écoute...

« Nora, tu dors ? »

Tous les soirs, voilà comment cela commence !

« Non, vas-y...

– Nadia, tu sais, la sœur de Samy, celle qui est sage-femme, elle est revenue vivre ici.

– Vivre... ici ? Quelle drôle d'idée ! Ces deux mots sonnent si mal ensemble, tu ne trouves pas ?

– Elle n'a pas eu le choix. Sa chef l'a défendue, là-bas. Elle a fait tout ce qu'elle a pu pour la garder dans son service. Mais son stage était terminé. On lui a dit que c'était déjà un miracle qu'elle ait pu le faire. Et que sa place n'était pas là...

– Chacun son camp, à la guerre comme à la guerre ! C'est ça ?

– Les Israéliens se méfient.

– Normal. Ça n'amuse personne de mourir dans la rue en sortant de l'école ! Et pourquoi nous bombardent-ils, alors ?

– ...

– Pour nous punir ? Pour nous décourager ? Mais de quoi ? De commettre des attentats ? Je n'en ai pas commis, moi ! Ni toi, ni Lili, ni maman, ni... ni la plupart des gens !

– De vouloir vivre ici... aussi ?

– Punition ! Vengeance ! Humiliation ! Violence ! Qui entraîneront, de nouveau, des attentats. Qui entraîneront des bombardements, qui entraîneront... »

Et la voix de Nora s'étrangle.
« Cela ne finira jamais ! »

Ou bien...

« Nora ? Tu dors ?
– Dormir ? Sacré Sol ! Tu me fais rire... répond-elle sur un ton sinistre.
– Je me demandais quelque chose... Est-ce que tu as déjà pensé pouvoir tenter ta chance ailleurs ? Quitter le pays, partir en exil ?
– Oh, oui. J'ai deux amis de l'université qui l'ont fait récemment. Ils m'avaient proposé de venir avec eux.
– C'est vrai ?
– J'ai beaucoup réfléchi... C'est difficile, tu sais. Il faut de l'argent, des papiers. Mais de toute façon, je ne m'en sens pas le courage. Ni l'envie, vraiment. J'ose croire que je suis plus utile ici. Je peux soigner des gens, les aider à survivre. Ailleurs, c'est moi, peut-être, qui aurais besoin d'aide... Et puis, si nous nous en allons, Israël aura gagné pour de bon ! »

PS : Demain, nous serons le 16 avril...
Mais cette année, c'est un peu ton anniversaire aussi. Celui de ta « naissance » !

16 avril

Journée sinistre. Pas envie d'en parler. Je ne supporte plus les jours où il n'y a pas classe. Nous ne sortons pas. Barrages. Couvre-feu. Je tourne en rond. J'étouffe ! Je suis insupportable, insolent, même avec Yaya. Quand je m'en rends compte, j'en suis malade. Et je n'ose pas m'excuser. Sans prévenir, je me fais de nouveau tout miel... jusqu'au prochain éclat !

Quand pourrons-nous sortir et marcher sans entrave, sur les chemins de l'avenir ?

18 avril

Cher Journal,

Cet après-midi, j'ai passé un moment chez Bechir et Assia. Maman ne voulait pas, on sort le moins possible. Certains ne vont même plus à l'école.

« De toute façon, dit Samy, on ne nous apprend pas ce dont on a besoin. Moi, je veux savoir manier les armes. Je veux me battre ! »

Mais je suis si pénible, à la maison, qu'elle m'a laissé partir. Ce n'est vraiment pas loin !

Le magasin d'objets récupérés sur les décharges d'Israël, ouvert l'an dernier au rez-de-chaussée de leur petite maison, est presque vide maintenant. Ils ont réparé, recousu, lavé, vendu, soldé, tout ce qui restait d'avant le blocus.

Nos voix résonnaient tristement dans la boutique. Il n'y a plus à vendre qu'un buffet de bois peint, très joli mais trop cher, une pendule et un tapis. Les gens n'achètent plus rien. Tout juste de quoi se nourrir. Pour le reste, à quoi bon ?

Bechir m'a semblé abattu. Il se tenait assis par terre, l'œil vague et l'air buté. J'ai cru que c'était à cause du magasin. Mais Assia m'a fait comprendre que non. Et elle m'a raconté...

« Son père et ses deux frères ont une ferme à côté de Jenine. Ils vivaient surtout de leurs oliviers, qui demandent moins d'eau que d'autres arbres. Comme les Israéliens ont le contrôle de toutes les nappes phréatiques et qu'ils interdisent de creuser des puits... »

Assia tenait son bébé dans les bras. Et pendant qu'elle parlait, il la regardait fixement, la bouche ouverte. Avec avidité. Il buvait sa mère des yeux – c'était beau !

« Par malheur pour eux, a continué ma tante, une colonie s'est installée dans le coin il y a quelque temps. Jusqu'à présent, tout se passait bien... »

Là, Bechir s'est levé. Sans un mot ni même un regard pour nous, il est sorti de la pièce. Le bébé s'est agité dans les bras d'Assia, tendant les siens, tout petits, vers la porte, comme s'il voulait suivre son père.

« Mais cette nuit, à deux heures du matin, des bulldozers sont arrivés, accompagnés de chars, et... ils ont rasé le champ d'oliviers. »

D'un coup, la colère de ma tante a explosé, faisant sursauter le bébé.

« Tu te rends compte, Sol ? Rasé ! Des arbres ! Qui faisaient vivre une famille ! Des arbres...

– Mais... pourquoi ? » j'ai fini par lui demander.

Assia m'a regardé soudain comme si j'arrivais d'une autre planète.

« Pourquoi ? Tu me demandes... pourquoi ! »

Et elle a ri, mais d'une façon qui m'a donné des frissons...

« Tu veux sans doute dire plutôt *sous quel prétexte misérable, honteux et révoltant* ? Mais... pour la sécurité de ces très chers colons, voyons ! Les miradors, les caméras, les barbelés, ça ne leur suffit pas ! Qu'est-ce que tu crois ? Maintenant, ils arrachent les arbres ! Pour "pacifier la zone" ! Des oliviers... Parce que "des terroristes pourraient s'y cacher" ! C'est qu'ils ont vraiment peur, les pauvres ! Faut les comprendre ! Des fois qu'on viendrait marcher sur leurs belles pelouses bien arrosées ! Ou qu'on ait envie de nager dans leurs jolies piscines... au lieu d'aller aux champs pour pleurer sur les dégâts de la sécheresse ! »

Je n'osais plus rien dire. Assia tremblait. Son bébé aussi. Elle essayait de se calmer, lui caressait la joue.

« Je deviens folle, tu sais ? Qu'est-ce qu'on peut faire, Sol ? Pour se défendre. Simplement se défendre contre ces injustices... Rien ! Partout, dans le monde, les gens nous regardent souffrir. En Europe ! En Amérique ! Tous, tous les soirs, ils nous regardent à la télévision. Un vrai feuilleton ! Et pas un seul pour se lever, pour venir à notre secours ! Mais qu'est-ce qu'ils veulent ? »

On entendait la radio des voisins, qui chantait à tue-tête...

« Et le résultat de tout ça, tu veux savoir ? Pas la sécurité ! Bien au contraire ! Des attentats ! De la peur et du sang ! Voilà ! »

Je sais surtout que, tout à l'heure, je vais en parler à ma sœur. Elle rentrera du dispensaire, où elle aide les infirmières, avalera son *hommos*[1] en vitesse, debout dans la cuisine, et montera l'escalier quatre à quatre.

La conversation reprendra, toujours la même...

« C'est l'engrenage, le cercle vicieux. Je suis sûre

1. Purée de poix chiches, plat très courant.

qu'Israël nous pousse au désespoir dans le but que nous fassions de très grosses bêtises. Ça leur permettrait de se déchaîner ! Ça justifierait tout ! Bouclage, occupation, bombardement... Carte blanche ! Et les gens, ici, tombent tous dans le piège. Ils se croient forts. Des résistants ! Alors qu'ils sont tous en train de couler. De nous couler. Faisant de nous un peuple criminel... Qui, dans le monde, voudrait aider des assassins à lutter pour leur liberté ? »

Que pourrais-je lui répondre ?

Qu'il faut crier plus fort, envoyer des messagers partout dans le monde, pour dire tout ce que nous vivons, tout ce que nous pensons, nous qui ne passons pas à la télévision, nous qui ne sommes pas des dirigeants, des représentants politiques, nous qui avons soif de justice, d'amour, de paix !

Si nous habitions sur la côte, à Gaza, je jetterais peut-être des bouteilles à la mer...

Parfois, j'essaie d'y penser froidement. Comme si je vivais loin d'ici. Sur Mars, par exemple.

J'ai l'impression que les hommes font semblant de grandir, de se transformer en adultes. Ils se donnent l'air sérieux et responsable, mais en réalité ils n'ont rien appris de la vie. Ils restent toujours prêts à taper sur le nez du voisin pour lui prendre sa place, ou à traîner en bande et chercher la bagarre.

Même les chefs d'État se comportent ainsi !

Hélas, les pistolets ne sont plus en plastique...

Est-ce que je suis tout seul sur terre à penser ça ?

Alors, c'est peut-être vrai... que je suis un Martien !

Même jour, plus tard

J'ai oublié ! Bechir m'a fait un beau cadeau quand il est revenu au magasin.

Assia est sortie à son tour, le bébé toujours dans les bras. Les jumeaux se chamaillaient dans la cour. Bechir est allé ouvrir le buffet. Il en a sorti un petit carton et me l'a posé dans les bras.

« Qu'est-ce que c'est ? j'ai demandé, surpris.

– Oh... rien... a répondu Bechir en haussant les épaules. Des livres. Tu peux les prendre, a-t-il ajouté d'un air las. Je te les donne. De toute façon, je ne les vendrai pas... Ou seulement pour allumer un feu. »

Il fuyait mon regard.

« Toi, tu en feras meilleur usage... »

Sitôt rentré, bien sûr, j'ai ouvert mon cadeau. J'ignore à quoi je m'attendais, mais ça m'a fait tout drôle. Même si ce n'est pas étonnant, puisque ce carton a été ramassé dans les poubelles d'Israël. Tous les livres sont en hébreu !

Je les ai sortis un à un. Il y en a sept. Trois sont plus anciens que les autres. Et l'un d'entre eux, le plus gros, est relié en cuir.

C'est très étrange, un livre écrit dans une langue que l'on ne comprend pas. Ça intimide. On se sent bête, désemparé, devant. C'est comme si l'on avait découvert un trésor, enfermé dans un coffre-fort, qui refuserait de s'ouvrir.

Les livres, je les ai feuilletés, caressés. Respirés, même ! J'aime bien l'odeur du papier ; ils devaient être bien emballés, car ils n'ont pas souffert de leur séjour à la décharge.

Mais rien à faire... Ils gardent tous leurs secrets pour eux.

Rous
lan sait peut-être l'hébreu ?

21 avril

Cher Journal,

Incroyable ! Aujourd'hui, j'ai fait la connaissance du beau jeune homme que j'avais vu traverser la place avec Nabila. Tu te rappelles ?

D'abord, il est beaucoup plus vieux qu'elle ! Il a vingt ans. Et c'est l'oncle de Nabila, le frère de sa mère.

Je n'ai pas dit à Nabila ce que j'avais imaginé. Encore moins ce que j'ai fait de sa cassette !

J'ai honte. Je me suis mal conduit. J'ai réagi sans réfléchir, et jugé sans savoir, par amour-propre.

Comment faire, maintenant ?

22 *avril*

Cher Journal,

Hier, je suis monté chez Rouslan. J'ai emmené Nora. Nous avons parlé si longtemps que j'ai fini par m'endormir dans le « fauteuil de pacha ».

Et pourtant c'était passionnant ! Nous avons appris que Rouslan parle non seulement l'hébreu, mais aussi le français. Quand je lui ai dit que parfois je me sentais comme un Martien devant tout ça, il s'est levé pour aller prendre un livre dans sa grosse valise.

« Écoute, Sol... C'est l'histoire de deux extraterrestres qui voyagent sur la Terre. Ils ne comprennent pas ce que font les humains, qu'ils voient comme d'étranges animaux, et interrogent un sage. Celui-ci leur dit que *la Terre est un assemblage de fous, de méchants et de malheureux. Savez-vous bien,* demande-t-il *par exemple, qu'à l'heure où je vous parle, il y a cent mille fous de notre espèce, couverts de chapeaux, qui tuent cent mille autres animaux couverts d'un turban ou qui sont massacrés par eux, et que, presque par toute la terre, c'est ainsi qu'on en use de temps immémorial*[1] ? »

Rouslan a souri. Ses yeux pétillaient.

« Voltaire. Un très grand philosophe. Un Français. Il a écrit cela, il y a deux cent cinquante ans !

– Deux cent cinquante ans ? C'est déprimant... a soupiré Nora. Nous, on voudrait que ça change. Mais on ne sait pas comment faire ! Tous les autres, ceux qui veulent la guerre, la vraie, hurlent plus fort que nous. La paix, la fraternité, toutes ces idées généreuses ont l'air tellement utopiques face aux cris de vengeance...

– Parce qu'elles demandent aux hommes des trésors de sagesse, a dit Rouslan. Pour faire la paix, il faut essayer de comprendre l'autre. Il faut donc l'écouter. Et cesser de crier... Mais cesser d'avoir mal ne se décide pas. Or, nous avons mal. À notre identité, notre histoire, notre terre. C'est pourquoi nous crions... »

Rouslan avait fait du café. Tout en parlant, il nous servait.

« Seulement, les Juifs ont mal, eux aussi. À leur

---

1. *Micromégas,* Conte de Voltaire, publié en 1752.

mémoire, à leur histoire, à la *Shoah*[1]... et ils ont peur. Alors, nous sommes face à face. Chacun hurlant à l'autre son propre chagrin. Sans jamais pouvoir le lui faire entendre. Croyant que se taire, c'est se rendre... Peut-être que quelqu'un d'autre, une sorte d'arbitre, pourrait nous aider à nous calmer, à nous écouter... À faire enfin la paix. »

Nora pense qu'il faut mener des actions pacifiques spectaculaires et inventer de nouvelles façons de manifester. Elle veut créer une association qui rassemble des jeunes, israéliens et palestiniens, défenseurs de la paix. Rouslan dit qu'il en existe déjà plusieurs, mais qu'avec le retour de la violence elles sont sans doute à l'agonie et leurs partisans taxés de traîtrise...

« Vos parents et moi, autrefois, nous militions dans un mouvement de ce genre... » a-t-il soudain lâché.

Nora m'a jeté un coup d'œil. J'ai compris qu'elle savait des choses et qu'elle pensait que je ne savais pas...

« Oui, j'ai dit, Yaya m'a raconté tout ça. »

Mais j'ignorais cette vieille amitié. Rouslan, je ne

---

1. « Catastrophe » en hébreu. Désigne le génocide perpétré par les nazis contre les Juifs durant la Seconde Guerre mondiale. Près de 6 millions d'entre eux furent exterminés.

l'imaginais pas militant. Il est si solitaire, toujours enfermé dans sa chambre.

« Je suis un flambeau mal éteint... » a-t-il murmuré doucement, l'air amusé, plein de mystère.

Il s'est levé d'un bon, nous faisant sursauter.

« Le temps passe. Le temps presse. Le temps revient d'éclairer les consciences, de faire briller l'espoir au milieu de la nuit ! »

Il nous couvait des yeux. Réjoui, heureux.

« Ah, mes petits ! Si vous saviez... Vous êtes bien les enfants d'Assil et Zeki, pas de doute ! Vous avez la flamme, le cœur... Et tellement raison de vouloir que les choses changent ! »

D'un coup, il m'a semblé rajeuni de dix ans.

Bon. J'ai dit l'essentiel.

Et maintenant, je vais tenter l'exploit : dormir !

Je suis sûr que Nora fait semblant pour voir ce que je fais... Mais, ni vu ni connu, je vais te glisser sous mon drap. Elle ne pourra pas t'attraper !

23 avril

Cher Journal,

Je suis remonté chez Rouslan en vitesse avant de partir en cours, avec mon carton de livres en hébreu.

L'un d'entre eux l'a tout de suite intéressé. Pas le plus vieux, comme je l'aurais cru. Un livre de poche assez ordinaire. Il l'a pris dans ses mains, ouvert, feuilleté, refermé, serré contre son vieux gilet. Puis il m'a demandé si je tenais toujours mon journal. J'ai dit oui et il a souri.

« Tu vois ce livre ? C'est *Le Journal d'Anne Frank*[1]. Un livre très, très important... »

Un journal ! Enfin ! Il a promis de me le lire, en me le traduisant, dès que j'aurais un peu de temps ! J'ai hâte !

24 avril

Voici une phrase de Voltaire, trouvée dans un dictionnaire à la bibliothèque du collège :

« La tolérance mutuelle est l'unique remède aux erreurs qui pervertissent l'esprit des hommes d'un bout à l'autre de l'univers. »

1. Ce témoignage saisissant écrit par une petite fille juive réduite à la clandestinité, puis déportée, pendant l'occupation nazie des Pays-Bas parut pour la première fois en 1947.

25 avril

Cher Journal,

Ce matin je ne suis pas allé en classe. Le collège est fermé. La directrice est venue nous l'annoncer hier pendant le cours de mathématiques.

« Des chars israéliens sont entrés dans la zone et se sont postés tout près des écoles. Il y a des échanges de tirs, des risques de bombardement. C'est trop dangereux de venir ici. Restez chez vous jusqu'à lundi prochain. Les professeurs vous feront tous des résumés des cours et vous aideront à les rattraper. Profitez d'être à la maison pour travailler les matières qui vous donnent du mal. Compris ? »

Nous avons tous hoché la tête, d'un air soumis. Sauf Samy et Mouhammad qui manifestaient leur joie d'être en vacances pour le reste de la semaine. La directrice a froncé les sourcils.

« Surtout vous deux ! » a-t-elle ajouté en les foudroyant du regard.

À la sortie, tout le monde était sur les nerfs. On entendait les mitraillettes, pas loin, qui semblaient se répondre. Personne n'osait se lancer. On n'en finissait plus de se dire au revoir, à lundi, bonne chance...

Mouhammad claironnait.

« On voit bien où vous habitez ! Chez nous, au

camp, c'est comme ça tous les jours ! Mais vous verrez, on s'habitue ! Moi, le chant des mitraillettes, je l'aime ! Il me berce, il m'endort. Il fait partie de mon décor. Si je ne l'entends plus, ça me réveille. Il me manque ! Pas vrai, Hassan ? »

Je n'ai pas entendu la suite. Je venais de me rappeler ! Je devais aller chercher Lili à l'école et j'étais en retard !

Elle m'attendait dans le hall, assise sur un petit banc, à côté d'une dame souriante, qui lui tenait la main et parlait doucement.

Lili m'a paru minuscule. Elle avait l'air malade. Son teint était pâle et ses yeux creusés.

La dame s'est levée dès que je suis entré.

« Regarde, mon petit cœur, ton frère est là ! »

Elle m'a serré la main.

« Bonjour, Soliman. Je suis la maîtresse. Ta petite sœur ne va pas fort... » a-t-elle ajouté à mi-voix.

Lili ne bougeait pas. Elle semblait pétrifiée. Sauf sa bouche, qui se crispait de temps en temps, comme quand on a un tic.

« Allez, tout va bien, maintenant... Tu vas rentrer à la maison. »

La maîtresse a aidé Lili à se mettre debout, lui donnant la main et la soutenant. Mais ses « cuisses de mouche » – comme dit souvent Yaya – n'ont pas tenu le coup. Ses jambes sont devenues toutes molles et elle a failli s'écrouler par terre.

« Je crois que tu vas devoir la porter », m'a dit la dame, l'air désolé.

Elle a caressé la joue de Lili.

« Qu'elle se repose bien, surtout. D'accord, mon petit cœur ? L'école sera fermée jusqu'à lundi prochain... Tu crois que ça va aller ? Elle n'est pas lourde, bien sûr, mais vous habitez loin... »

J'ai dit « oui, un peu, mais ne vous inquiétez pas, merci beaucoup » et j'ai pris ma sœur dans mes bras. Elle s'est agrippée à moi comme un bébé koala. J'ai salué la maîtresse et nous sommes sortis.

Dans la rue de l'école, tout était calme. Presque trop. D'habitude, à cette heure-ci, les mamans s'assoient sur le muret qui longe la cantine. Elles distribuent les goûters, discutent des devoirs, des punitions, pendant que les petits se coursent bruyamment...

Le silence était effrayant.

J'ai marché droit devant, sans regarder autour, sans prêter d'attention à rien. Juste un pied devant l'autre. Comme un somnambule effrayé. Dans un long tunnel de silence. Troué, çà et là, par des rafales de mitraillette...

À la première, je me suis collé contre un mur. Lili

aussitôt s'est mise à trembler, à me serrer plus fort. Elle allait m'étrangler !

Après la mosquée, sur la place, nouvelle rafale.

J'ai crié sans le vouloir. J'ai cru qu'on nous visait. Je me suis accroupi par terre, derrière une voiture. Les tripes sens dessus dessous.

Lili tremblait toujours. Elle claquait des dents violemment. C'était impressionnant. J'aurais voulu lui dire des choses rassurantes, mais je ne trouvais pas.

Je lui caressais les cheveux. C'est tout ce que je pouvais faire.

Soudain, je ne sais pas pourquoi, j'ai pensé à ma clé.

La clé de la maison rose, mon porte-bonheur. Je l'ai attrapée sous mon pull et montrée à Lili.

« Elle nous protège. Embrasse-la. »

Mon bébé koala, les yeux écarquillés, a posé ses lèvres dessus.

« Génial ! j'ai dit, très sûr de moi. Maintenant, on peut repartir. On ne risque plus rien du tout. »

Autour de nous, le calme est revenu. J'ai fini par me relever. Puis nous sommes repartis pour de bon.

Peu à peu, les quartiers que nous traversions s'animaient davantage. On s'éloignait du danger. Je marchais de plus en plus vite.

Ce n'est qu'en arrivant chez moi, quand j'ai eu

enfin déposé ma sœur sur le lit de Yaya, que j'ai senti la douleur m'envahir.

Mon dos, mes bras, mes jambes...

J'avais des crampes un peu partout. Même au ventre. J'ai fini par aller vomir.

Yaya, qui était seule à la maison, s'est un peu affolée. Tout en faisant semblant de savoir ce qu'il fallait faire. Elle a préparé du thé « fortifiant » puis s'est mis en tête de me masser.

J'ai refusé.

Ça l'a vexée.

« Laisse tomber, Yaya. Ça va déjà beaucoup mieux, je t'assure ! C'est Lili qui m'inquiète... »

Lili dormait. Son visage s'était détendu et son tic de bouche avait disparu. Mais elle avait toujours le teint pâle et les yeux creusés.

Le soir, Nora nous a expliqué que Lili avait fait une « crise d'angoisse » et que c'était très courant chez les enfants de son âge, en ce moment.

« Au dispensaire, on en voit tous les jours... Parfois, les crises sont spectaculaires. Les enfants font des convulsions, ils ont les yeux exorbités... On devrait les envoyer à l'hôpital, en ville, mais la plupart des ambulances restent bloquées au point de passage de la zone. »

27 avril

Cher Journal,

Depuis que le collège est fermé, je passe mes journées chez Rouslan, à écouter Anne Frank me raconter sa vie et celle de sa famille, dans cette « annexe » où elle est restée cachée plus de deux années, sans jamais sortir, pendant la Seconde Guerre mondiale. Elle avait mon âge, et rêvait d'être journaliste, ou peut-être écrivain, quand la guerre serait finie... Mais quelqu'un les dénonça aux nazis et Anne fut déportée à Auschwitz et tuée, comme des millions d'autres personnes, simplement parce qu'elle était juive.

Tout cela me donne un cafard terrible. Son journal me la rend si familière ! J'ai l'impression de la connaître, de vivre enfermé avec elle, de trembler d'être découvert... tout en sachant que c'est trop tard, que ce n'est plus la peine de prendre tant de précautions, que l'histoire est finie, que personne ne peut empêcher le cauchemar d'avoir lieu !

29 avril

Cher Journal,

Je pense sans cesse à ce livre que Rouslan a fini de me lire tout à l'heure.

Quelle chance d'avoir pu sauver ce journal !

Toi que j'ai cru un peu magique, toi que j'ai vu en rêve, toi qui peut-être parles aux morts...

Ne leur dis pas que des sacrifices passés, nous les vivants, n'avons rien appris, ni compris.

Ne dis pas à mon père, ne dis pas à mon frère Chéri, que l'occupation reprend de plus belle, que l'Intifada recommence...

Ne dis pas à ma cousine Anne que l'on tue toujours des enfants, simplement parce qu'ils sont dans l'autre camp...

Ne dis pas à mon vieil oncle Voltaire, que sa lumière est plus que jamais nécessaire...

Ne leur dis pas.

Ne dis plus rien.

Tais-toi.

12 mai

Cher Journal,

Samy n'est pas revenu en classe depuis que le collège a de nouveau ouvert ses portes. Il n'était pas chez lui non plus, quand j'y suis passé en rentrant.

J'ai vu Nadia, sa sœur. Elle ne m'a pas reconnu.

« Soliman ? Tu veux dire... le petit garçon qui perdait ses chaussures en jouant au ballon ? »

J'avais oublié ça...

On avait ri ! Un tir terrible, à bout portant ! Chéri tenait les buts et Samy la défense. Autant dire que je n'avais pas la moindre chance. Et pourtant si ! J'avais marqué ! Ça tenait du miracle. Mais dans l'action, je m'étais retrouvé pieds nus. C'est un chien errant plein de puces qui nous avait rapporté ma chaussure gauche. Et la droite... on ne l'a jamais retrouvée !

« Qu'est-ce que tu as grandi, Sol ! Un vrai jeune homme ! » s'est-elle écriée gentiment.

J'ai rougi sans répondre, de l'intérieur des oreilles au bout des orteils. Heureusement que Samy n'était pas rentré !

Nadia n'a pas changé, elle.

Toujours aussi belle !

Je crois que Chéri l'aimait bien...

« J'espère que tu ne suis pas le même chemin que Samy... » a-t-elle soupiré en me saluant.

20 mai

Cher Journal,

Quelle soirée !

Rouslan a dîné avec nous, pour son anniversaire. C'était une surprise, arrangée par Yaya, qui connaît les dates importantes.

Il a lâché sa pipe en voyant venir le gâteau tout piqué de bougies. Nous lui avons offert deux kilos de café, son préféré, troqués au marché ce matin contre un peu de viande.

Rouslan s'est levé lentement, l'air un peu solennel, comme s'il allait nous faire un discours de remerciements. Il nous a regardés, l'un après l'autre, petits et grands, et il nous a souri. Ses yeux brillaient, on voyait qu'il était ému. Sa bouche s'est ouverte. Mais rien, pas un mot, pas un son, n'a voulu en sortir. Alors, il a baissé la tête et s'est laissé retomber en silence.

Nous l'avons applaudi longtemps. Comme s'il nous avait fait un discours de remerciements...

« Je pensais... aux absents, a-t-il fini par murmurer. Chéri, Assil... étaient des êtres généreux.

Comme vous, leurs mamans. Comme vous, les enfants. »

Il regardait Yaya et maman, tour à tour, qui restaient immobiles et muettes.

Puis nous, mes sœurs et moi.

« Merci à vous. Merci à eux... »

Ensuite, pendant que Yaya coupait le gâteau, il y a eu un long moment de silence. Papa, Chéri, on en parlait très peu, chez nous, surtout devant ma mère.

C'est elle qui a repris la parole en premier, d'une voix claire, mais qu'on sentait fragile.

« Nora voudrait lier connaissance avec de jeunes Israéliens favorables à la paix. As-tu gardé quelques contacts à Haïfa et Jérusalem ? »

J'ai failli m'étouffer.

« Quelques-uns, oui. Te souviens-tu de Neva ?

– Comment l'aurais-je oubliée ? Chère Neva... Nous sommes nées le même jour. On nous appelait “les jumelles”, l'une arabe, l'autre juive... Tu as des nouvelles récentes ? »

Et toute la soirée, ils ont parlé de leurs anciens amis, des militants. Nora leur posait des tas de questions, elle rayonnait. Maman aussi.

Le plus beau jour de ma vie !

25 mai

Cher Journal,

Aujourd'hui, dans un élan d'optimisme, j'ai demandé à Nora si elle avait une cassette vierge et j'ai enregistré ce message dessus :

Nabila,
mon amie,
je suis si malheureux...
Tu m'as prêté de la musique.
Je l'ai perdue.
Tu m'as donné ton amitié.
J'ai voulu davantage.
Accepteras-tu de me pardonner,
si je te dis la vérité ?
Jaloux de ton oncle,
marchant dans la rue près de toi,
j'ai jeté ta cassette.
Voilà des jours et des jours
que je cherche un mensonge
à te dire...
Mais je ne trouve pas,
ne trouverai jamais.
Tu mérites tellement mieux !
J'ai réfléchi
et j'ai compris

que la vie est trop courte
pour gâcher ainsi
quelques moments de bonheur...
Nabila,
je te demande pardon.
Quand tu ne seras plus fâchée
— même si ce n'est que dans dix ans ! –
s'il te plaît,
fais-moi signe...

(Signé « Soliman, le jaloux repenti » !)

27 mai

L'horreur.

L'horreur est arrivée.

Samy, blessé, à l'hôpital, des pansements partout... Des bandages autour des genoux – et plus rien dessous. Plus de pieds pour tenir debout. Plus de jambes pour se sauver.

C'est Momo qui est venu me chercher. Je venais juste d'aller glisser ma cassette, enveloppée dans un joli papier découpé dans un magazine, sous la porte de Nabila.

« Blessé », ce n'est qu'un mot... qui fait mal, qui fait peur. Mais un mot, seulement.

Samy ! J'ai couru comme un fou. Couru, couru, tant que j'ai pu. L'odeur d'éther m'a sauté à la gorge, quand je suis arrivé à l'hôpital. J'ai pris les escaliers, les ascenseurs ne marchaient pas. Là-haut, je me suis jeté dans le tunnel du couloir. L'infirmière a poussé la porte et la chambre a jailli. Les six lits métalliques, les douleurs alignées.

J'ai vu Samy, allongé tout au fond, sous la fenêtre sale. J'ai vu ses yeux ouverts. Et ses jambes. Coupées.

L'air vicié de la chambre s'est déversé d'un coup dans mes poumons brûlants. J'en suis resté tout pantelant.

Samy, blessé.

Mon ami de toujours, mon ami... mutilé.

Ce n'était plus un mot.

D'un coup, c'est devenu réel.

Je me suis approché, chancelant dans l'allée centrale et tentant d'ignorer les cinq autres blessés gisant sur les cinq autres lits.

Samy dormait.

Sans doute sous l'effet des calmants ?

Pourtant, tout à l'heure, en entrant, j'aurais juré...

Peut-être faisait-il semblant ?

Peut-être n'avait-il pas envie de me voir ?

Pas envie de se voir dans le miroir de mon regard brisé...

Peut-être dormait-il vraiment ?

Je suis resté debout. Près de lui, dos tourné.

J'ai regardé dehors, le ciel couleur de terre, la terre couleur de mort, à travers la crasse des vitres. Le théâtre désert des rues. Avec son minable décor de guerre : barbelés, parpaings, sacs de sable... Matières premières de nos enfances foutues, de nos vies qui valent si peu.

Même à nos propres yeux !

« N'est-ce pas, Samy ? »

Je me suis mis à lui parler dans ma tête...

« Alors, tu les as troquées contre quoi, tes jambes ? Contre la paix ? La levée du blocus et l'arrêt des bombardements ? Non ? Comme c'est dommage ! Qu'est-ce que t'as reçu en échange ? La médaille de martyr ? Génial ! Mes félicitations ! Ça, au moins, ça va t'aider dans la vie ! Mais oui ! Pour ta carrière de footballeur ! »

Le désespoir, à la longue, ça rend méchant. Crétin. Dégueulasse à vomir...

Il avait l'air d'un tout petit enfant, Samy.

Vulnérable et serein.

D'un nouveau-né abandonné. D'un orphelin qui rêve encore qu'il dort sur le cœur de sa mère...

Il avait l'air d'un ami de toujours qui n'attend rien de plus qu'un peu de réconfort.

Et moi, la bouche amère et l'œil mauvais, je venais à son chevet pour lui donner des leçons !

Je fixais la fenêtre sale.

La poussière me piquait les yeux.

Et dans ma tête, c'était reparti...

« Pardon, Samy. Pardon. Je ne suis pas venu te faire des reproches. Non, je sais ce que tu penses. Personne ici n'a d'avenir. Pas plus moi, debout sur mes deux jambes, que toi, couché dans ce lit. Nous sommes tous amputés ! De nos droits, de nos rêves. Alors, puisque nous n'avons rien à perdre, battons-nous ! Peut-être la liberté sera-t-elle au bout ? C'est le seul espoir qui nous reste... Voilà ce que tu penses. N'est-ce pas, Samy ? »

Je reprenais mon souffle, comme si j'avais dit tout cela d'un trait, pour de vrai, à voix haute.

« Et moi qui refuse la violence et parle de fraternité, moi le *faux frère*... qu'ai-je fait, moi, pour que les choses changent ? »

J'ai tracé la suite dans la poussière, sur la vitre, avant de partir.

« Si nous ne comptons pour personne, toi tu comptes beaucoup pour moi... »

J'ai signé « Vendredi ».

Dehors, l'odeur d'éther m'a poursuivi. Elle m'a

raccompagné chez moi. J'ai l'impression de la sentir encore, dans ma chambre.

Sur un mur, j'ai lu ces mots, peints en noir :

« Vous ne pouvez pas nous tuer. Car nous sommes déjà morts. »

J'écris, j'écris...

Pendant que Samy souffre.

Sans honte, ni pudeur, moi, j'écris.

Je choisis mes mots, je raconte.

J'écris, j'écris.

Comme une mécanique.

Je sais, je sens, qu'il y a un barrage en moi, un réservoir géant où sont retenus tous les pleurs que je n'ai jamais su verser.

Je sais que si je m'arrête d'écrire, il va lâcher.

Me lâcher...

28 mai

Cher Journal,

Il ne te reste plus que quelques pages blanches, à barbouiller du jus noir de mon cœur.

Et... ensuite ?

Je ne sais pas.

Je te refermerai, te rangerai.

T'oublierai pour toujours.

Tu te rendormiras, au fond de ce vieux carton dont je t'ai sorti le temps de quelques confidences. Dans ton sommeil, tu jauniras encore, te gondoleras davantage, en attendant qu'un jour une autre main curieuse te réveille.

Bien sûr, je pourrais continuer d'écrire, acheter un autre cahier...

Je n'en ai pas envie.

J'ai relu, tout est là. Ce qui me fait souffrir, me révolte et me tue. Ceux qui me donnent la force de vivre. J'ai entendu leurs voix !

Je remercie Rouslan. Ce cahier, c'était son idée.

Mais aujourd'hui, que dire de plus ?

J'aurais beau raconter, raconter, raconter... cela n'empêcherait pas les bouchers, des deux côtés de la frontière, de faire leurs petites affaires.

Et puis, quel intérêt ?

Tout le monde sait ça, ici.

Tout le monde vit ça...

J'aimerais bien partir.

Ces jours-ci, je passe mon temps le nez dans l'atlas de Chéri, à rêver que je descends à Jaffa. Il y a des bateaux plein le port qui s'en vont. Leurs soutes sont remplies d'oranges. Peut-être que je pourrais m'y cacher ?

D'autres l'ont fait, déjà.

Pourquoi pas moi ?

« Parce que tu es trop jeune ! » me serine ma sœur à longueur de soirées.

Ça me rend dingue !

Trop jeune ?

Trop jeune pour quoi ?

Pour tenter de sauver ma peau ?

Pour aller crier notre désespoir ? Appeler au secours ?

Trop jeune pour fuir un avenir tout tracé de martyr ? D'assassin ? De « sous-citoyen » du monde ?

Trop jeune pour aimer la vie ?

La liberté ?

« Mais Nora, tu ne comprends plus rien, ma parole ! C'est pour mourir, que je suis trop jeune ! C'est pour me taire ! Pour vous voir vous débattre avec la folie, la peur, la misère, que je suis trop jeune ! C'est pour attendre sagement la bombe, ou la mine, qui se chargera toute seule de me sortir de ce merdier que je suis trop jeune ! Il faut que je fasse quelque chose ! Tu comprends ? Quelque chose... »

Si je partais, tu serais du voyage. Dans ma poche, tout mon bagage. Mon passeport...

J'emporterais aussi mon porte-clés boussole.

Ainsi, quoi qu'il arrive, jamais je ne serais perdu. Samy me guiderait partout.

Comme avant...

Et j'aurais toujours autour du cou mon porte-bonheur.

Alors, dans le ventre du bateau, je serais moi-même un bateau, mes soutes pleines de fantômes. Chéri, vivant, ravi de prendre enfin la mer. Mon père, endimanché, m'enchantant d'un air de guitare.

À fond de cale, dans ma mémoire et dans mon cœur, ils partiraient tous avec moi : maman, Yaya, Lili, Nora, Samy, Rouslan, Assia, Bechir... et Nabila.

Pour aller dire au monde...

Il paraît qu'ailleurs, en Europe, en Amérique, on dit que les mères palestiniennes n'ont pas de cœur. Qu'elles envoient elles-mêmes leurs enfants se faire tuer. Pour le plaisir et l'honneur d'avoir un martyr dans la famille...

Ça me dégoûte, ça me révolte, que l'on ose penser ce genre de chose ! Toutes les mères que je connais aiment leurs enfants et tremblent pour eux. Ceux qui osent dire le contraire, je les invite à venir passer quelques jours ici ! Et à rendre visite à la mère de Samy ! Quand ils croiseront son regard, la honte éternelle sera sur eux. Il se jetteront à genoux, à plat ventre, pour demander pardon !

Si je pouvais partir, peut-être que j'irais en France. Au pays de Voltaire. Il paraît qu'il y a des gens qui nous comprennent, là-bas. D'après Rouslan.

C'est peut-être vrai... J'ai rencontré un Français aujourd'hui. Un journaliste, qui est venu faire un reportage au collège. La directrice nous l'a présenté dans le hall.

« Monsieur Joël Nicolas va passer la journée ici, avec nous. Il assistera aux cours de Mmes Nasir et Darwich, vous expliquera en quoi consiste son travail de reporter et vous pourrez lui poser des questions... Lui-même vous en posera sans doute ! »

Le journaliste nous a salués d'un geste amical et d'un large sourire.

« *Salam* ! Vous pourrez, vous aussi, me poser des questions, bien sûr ! a-t-il précisé en arabe, avec un fort accent.

– Bonjour, monsieur ! a dit Khabil en français.

– Bonjour, jeune homme, a-t-il aussitôt répondu, mais, s'il vous plaît, appelez-moi Joël, ce sera plus facile. »

Tout ce qu'il nous a dit de son métier m'a passionné. Il a expliqué qu'il était là pour faire connaître à ceux qui sont loin d'ici ce qui s'y passe vraiment, le plus exactement possible. Il est déjà venu trois fois en Cisjordanie, à Gaza et en Israël. Il va aussi rencontrer des collégiens à Jérusalem-Ouest et dans une colonie[1]. Parce que « pour comprendre, il faut donner la parole à tous ». J'aimerais bien savoir, moi, ce qu'ils vont lui dire, là-bas, ce qu'ils pensent de nous. Savoir comment ils vivent tout ça, de leur côté.

Il a expliqué qu'il était indépendant. Il ne travaille pas pour un seul journal, mais pour tous ceux que ses articles intéresseront, quand il rentrera.

Il nous a dit qu'il prenait des photographies mais qu'il préférait dessiner, faire des croquis. D'ailleurs, il a fait un petit portrait de Mme Darwich vraiment ressemblant !

Je lui ai demandé s'il savait pour Samy – depuis qu'il est à l'hôpital, sa place à côté de moi reste vide. Les professeurs lui en avaient parlé. Il a dit qu'il irait le voir, si ses parents étaient d'accord.

Hassan l'a invité chez lui,, au camp de réfugiés.

À la fin de la rencontre, il a un peu parlé de ce qu'il ressentait. Il a dit qu'il supportait mal de voir des enfants souffrir. Qu'il avait parfois honte de se savoir libre de repartir, de reprendre l'avion, quand il en aurait assez vu, quand il n'en pourrait plus...

---

1. Il va aussi rencontrer de jeunes israéliens.

Et que, faire ce métier, pour lui, c'était comme faire son devoir d'homme.

Après les cours, je me suis débrouillé pour lui parler seul à seul. J'ai attendu qu'il prenne congé de la directrice et proposé de faire un bout de chemin avec lui. Ça tombait bien, son hôtel est au centre, pas très loin de chez moi.

J'ai dû le saouler de paroles...

Je lui ai dit que son métier m'intéressait. Et son pays aussi. J'ai parlé de Voltaire, de Rouslan. De mes parents, de Yaya, de mes sœurs. De mon frère.

De Samy...

Devant l'hôtel, sur la place du marché, il m'a offert un thé. Il a commandé des pâtisseries, mais n'en a pas mangé. Moi, si ! Elles étaient délicieuses. Presque autant que celles de Yaya.

Je l'ai invité à dîner chez nous. Mais il ne pouvait pas, il avait rendez-vous ailleurs.

J'étais déçu. J'avais presque les larmes aux yeux... la honte !

Il a fait semblant de ne rien voir et m'a demandé mon nom et mon adresse, qu'il a notés dans son carnet tout écorné. En échange, il m'a donné ses coordonnées à Paris et un numéro où le joindre ici.

« Je reviens dans le coin à la fin de la semaine prochaine... »

Il était tard. Et urgent de rentrer.

Joël m'a remercié. Il m'a serré la main et souhaité « bonne chance »...

Moi aussi, je l'ai remercié. De m'avoir écouté si patiemment ! Il a ri doucement et dit que c'était son métier, qu'il ne fallait donc pas le remercier.

« Merci, merci encore ! »

Je n'arrivais plus à dire autre chose. Debout devant l'hôtel. Ce que je peux me détester parfois !

Mais, c'est vrai, ça m'a fait du bien de lui dire, à lui, ce que j'avais sur le cœur.

Un peu plus tard.

J'aurais pu lui parler de toi.

J'y ai pensé, mais je n'ai pas osé.

C'est quand même très personnel...

2 juin

Cher Journal,

Dernières nouvelles de la « Terre promise »...

La sœur de Samy est devenue folle. Nadia, la sage-femme. Avant, elle travaillait à l'hôpital de Tel-Aviv. Elle y connaît beaucoup de monde. Hier, un attentat suicide a eu lieu devant une discothèque[1]. Deux de ses anciennes amies sont parmi les victimes.

J'ai vu Nadia partir...

Elle voulait aller voir les parents, leur parler. Mais c'est impossible.

Ses hurlements déments résonnaient dans la rue, jusqu'à l'intérieur de mes os.

La belle Nadia...

Le quartier, tout entier, hurlait avec elle en secret, derrière ses volets clos.

Lili, toute tremblante, s'est accrochée à moi.

Mon bébé koala...

« Dis, Sol, m'a-t-elle demandé, pourquoi est-ce qu'on ne fait pas une frontière en mettant, d'un côté, tous les gentils d'Israël et d'ici, et de l'autre, tous les méchants qui veulent toujours se battre. Comme ça, ils se tuent tous... et nous, on a la paix ! »

Je regardais la vie, dans les yeux de Lili...

Quel enfant dort ce soir, dans son nid, son berceau, et demain pourrira sous un tas de gravats ? Quel enfant dort ce soir et demain se fera bourreau ?

Je ne veux pas voir ça.

Je veux empêcher ça !

---

1. Le 1er juin 2001 a lieu à Tel-Aviv le premier attentat suicide de la seconde Intifada. Bilan : vingt morts israéliens.

Alors, voilà. Cher journal, ce soir, j'ai pris ma décision.

Je vais aller trouver Joël Nicolas et te confier à lui.

Je suis sûr qu'il acceptera, qu'il fera ce qu'il faut pour toi.

Puisque je ne peux pas partir, prisonnier d'un pays qui n'existe pas. D'une guerre que je ne veux pas...

Je veux que tu partes à ma place.

Que tu parles pour moi.

Dernier jour d'écriture...

Cher Journal,

Voilà, il est temps de te dire adieu.

J'ai rendez-vous avec Joël Nicolas tout à l'heure.

Je te caresse une dernière fois. Ton papier jaune et gondolé. Ta jolie couverture de carton tacheté...

Te rends-tu compte ?

Demain, tu pars ! Tu vas prendre l'avion.

Atterrir à Paris...

Ne t'en fais pas pour moi.

Je reste ici, plein de projets.

Rouslan va m'apprendre l'hébreu – nous commençons notre première leçon ce soir !

Je veux tendre la main. Je veux fraterniser. J'ai des

jumeaux de cœur, nés de l'autre côté. Je voudrais leur parler...

Mais toi, n'oublie pas ta mission.

Toi qui me fus d'un grand secours dans les moments de désespoir, je t'ai prêté souvent le pouvoir d'abolir le temps, de parler aux absents, partis dans l'autre monde. Aujourd'hui je te donne celui de passer une autre frontière. D'aller parler de nous, en Occident.

De maman, de Yaya, de Lili et Nora. De Samy, Nadia, Nabila. Et puis de tous les autres...

Les fous, les morts.

Les sages aussi.

Tous les vivants !

Tant qu'il est encore temps...

VÉRONIQUE MASSENOT

« Et toi, qu'est-ce que tu veux faire, plus tard ? » À l'éternelle question, embarrassante et indiscrète, que les adultes s'obstinent à poser aux enfants, elle n'osait pas répondre la vérité : « Des livres et des bébés ! » Depuis, Véronique Massenot, née en 1970, a mis au monde un garçon, deux romans, deux filles, une nouvelle et deux albums – dont l'un, illustré par elle !
Soliman le Pacifique est le fruit d'un travail obstiné et d'une sensibilité « à fleur de peau » devant toute forme d'injustice.

Post-Scriptum

Comme Soliman, je veux croire à la paix entre Israéliens et Palestiniens. Une vraie paix, juste pour tous, où chacun a sa place et respecte l'autre. C'est la seule issue, on le sait bien.

Mais pourquoi faut-il tant de temps, tant de sang, pour que les idées les plus sages progressent enfin ?

Voilà tout mon projet. Montrer, vécu de l'intérieur, cet absurde gâchis. Mettre au jour le mécanisme implacable qui – de l'injustice à l'humiliation, de la colère à la vengeance, du désespoir à la révolte – engendre le malheur de tous, à l'infini...

Mais dire aussi qu'il est toujours possible de faire un choix différent. Plus difficile, plus courageux. Celui du refus de la haine. Celui de la main tendue. Beaucoup le font, des deux côtés, trop souvent sans être entendus. À ma petite mesure, je voudrais les aider.

Un dernier mot encore...

Dans ce roman comme dans la réalité, deux communautés s'opposent, Israéliens et Palestiniens. D'autres s'y superposent plus ou moins : Arabes, Juifs, Musulmans, et même Chrétiens.

Moi qui ne suis d'aucune de ces communautés, chers lecteurs, je veux vous dire ceci : qui que vous soyez, ici ou ailleurs, ma communauté à moi est la vôtre aussi, accueillant toutes les autres en son sein...

Notre communauté, à tous, c'est l'humanité.

Véronique Massenot.

« Pour l'éditeur, le principe est d'utiliser des papiers composés de fibres naturelles, renouvelables, recyclables et fabriquées à partir de bois issus de forêts qui adoptent un système d'aménagement durable. En outre, l'éditeur attend de ses fournisseurs de papier qu'ils s'inscrivent dans une démarche de certification environnementale reconnue. »

Composition JOUVE – 53100 Mayenne
Nº 332409j
Achevé d'imprimer en Espagne par LIBERDÚPLEX
Sant Llorenç d'Hortons (08791)
32.10.2622.2/01 - ISBN : 978-2-01-322622-6
Loi nº 49-956 du 16 juillet 1949 sur les publications destinées à la jeunesse
Dépôt légal: mars 2008